보수적인 투자자는 마음이 편하다

Conservative Investors Sleep well & Developing an Investment Philosophy

**CONSERVATIVE INVESTORS SLEEP WELL &
DEVELOPING AN INVESTMENT PHILOSOPHY**

Copyright ©1975, 1980 by Philip A. Fisher
Authorized translation from the English language edition published by John Wiley & Sons, Inc.
All rights reserved.

Korean Translation Copyright ©2005 by Goodmorning Books
Korean edition is published by arrangement with John Wiley & Sons, Inc.
Through Imprima Korea Agency.

이 책의 한국어판 저작권은 Imprima Korea Agency를 통해
John Wiley & Sons, Inc. 와의 독점계약으로 굿모닝북스에 있습니다.
저작권법에 의해 한국 내에서 보호를 받는 저작물이므로
무단전재와 무단복제를 금합니다.

보수적인 투자자는 마음이 편하다

Conservative Investors Sleep well & Developing an Investment Philosophy

| 필립 피셔 지음 · 박정태 옮김 |

굿모닝북스

|차례|

《1권》
보수적인 투자자는 마음이 편하다

서문 9
제1장 보수적인 투자의 첫 번째 영역: 생산, 마케팅, 연구개발, 재무 역량의 탁월함 15
제2장 보수적인 투자의 두 번째 영역: 인적 요소 26
제3장 보수적인 투자의 세 번째 영역: 기업 활동의 본질적인 성격 45
제4장 보수적인 투자의 네 번째 영역: 주가를 결정짓는 요소 62
제5장 네 번째 영역에 대한 부연: 증권가의 세 가지 평가 74
제6장 네 번째 영역에 대한 추가 부연: 주가와 펀더멘털 84

《2권》
나의 투자철학

제1장 투자 철학의 기원   101

제2장 실수로부터 배우다   122

제3장 투자 철학의 성숙   147

제4장 시장은 효율적인가?   175

제5장 장래성 있는 기업을 평가하는 핵심 요소   197

역자후기: 필립 피셔의 성장주 투자 이론이 나오기까지   204

《1권》

보수적인 투자자는 마음이 편하다

무슨 사업을 하든 성공의 열쇠는 다음 세 가지 원칙을 따르는가에 달려있다. 성실함과 독창성, 근면함이 그것이다. 나는 내 사업을 시작한 이후 지금까지 이런 신조를 갖고 살아왔다. 나의 첫째 아들 아서와 셋째 켄은 나의 사업과 매우 유사한 분야에서, 둘째 도널드는 전혀 다른 분야에서 이 세 가지 원칙을 따르고 있다는 믿음과 함께 이 책을 세 아들에게 바치고자 한다.

서문

내가 이 글을 쓰고 있는 1970년대 중반처럼 미국 투자자들의 분위기가 축 처지고 눈에 띄게 가라앉은 적은 20세기 들어 지금까지 단 한 차례 있었을 뿐이다. 이런 현상을 구체적으로 정확히 묘사하기는 어렵지만 여러 지표를 보면 너무나도 분명하다. 누구나 잘 알고 있는 다우존스 산업평균 주가는 매일매일 변하는 주식시장의 현황을 알려주는 대표적인 지표다. 하지만 장기적인 시각을 갖고 보면 다우존스 평균 주가는 주식을 보유했던 수많은 투자자들이 최근 몇 년 동안 겪었던 심각한 고통과 깊은 상처를 드러내주기는커녕 오히려 희석시키는 것 같다. 실제로 주식시장에서 거래되는 상장 주식 전체의 주가 변동을 보여주는 주가지수를 기준으로 할 경우 1974년 중반의 평균적인 주가 수준은 1968년의 고점에 비해 70%나 하락했으니 말이다.(다우존스 산업평균 주가는 당시 뉴욕증권거래소에 상장된 30개 종목만 대상으로 했다-옮긴이)

대다수 투자자들이 이 같은 엄청난 손실에 직면해 역시 예상했던 대로 행동했다. 이 중 상당수 투자자들은 보유 주식을 전부 팔아 치우고 아예 시장에서 빠져 나와 버렸다. 사실 많은 기업들의 실적은 여전히 놀라울 정도로 양호했는데도 이를 무시한 것이다. 인플레이션이 갈수록 더 기승을 부릴 것이 확실시 되는 상황에서는 신중하게 제대로 선정한 주식이 다른 안전해 보이는 자산보다 리스크가 훨씬 작을 수 있다. 그런가 하면 이보다 더 많은 투자자들은 특유의 사고를 펼쳐 보였다. 다름아닌 "지금부터 우리는 더욱 보수적으로 행동할 거야"라고 결심한 사람들이다. 이런 생각을 하는 사람들이 스스로 보수적이라고 얘기할 때 그 바탕에는 투자 대상을 가장 큰 기업들로, 다시 말해 적어도 거의 모든 사람들이 그 이름을 알고 있는 종목으로 한정하겠다는 생각이 깔려 있다. 미국의 웬만한 주식 투자자라면 철도회사인 펜 센트럴이나 컨솔리데이티드 에디슨 같은 기업의 이름을 들어보지 못한 경우가 없을 것이고, 이들 기업이 어떤 일을 하는지도 다들 잘 알고 있을 것이다. 전통적인 기준으로 보자면 사실 얼마 전까지도 펜 센트럴이나 컨솔리데이티드 에디슨 모두 보수적인 투자처라고 할 수 있었다. 하지만 안타깝게도 보수적으로 행동하는 것과 기존의 전통적인 방식대로 행동하는 것을 혼동하고 있는 것 같다. 자신의 자산을 지키겠다고 굳게 결심한 투자자라면 이 문제를 매우 조심스럽게 풀어야만 한다. 그리고 이런 작업은 하나의 정의定義가 아니라 두 가지 정의와 함께 시작해야 한다.

첫째, 보수적인 투자란 최소한의 리스크로 자신이 갖고 있는 자산의 구매력을 가장 잘 지키는 (즉, 유지하는) 것이다.
둘째, 보수적으로 투자한다는 것은 보수적인 투자가 무엇인지 정확히 이해하고 있으며, 자신이 하고자 하는 투자의 동인動因이 사실에 근거해 판단할 때 보수적인 투자인가를 올바르게 판단할 수 있는 일련의 검증 절차를 따라 행동하는 것이다.

따라서 보수적인 투자자가 되기 위해서는 한 가지가 아니라 두 가지 요소가 필요한 것이다. 이것은 투자자들뿐만 아니라 투자 대상을 추천하는 사람들에게도 마찬가지다. 보수적인 투자에서 고려해야 할 투자 대상의 건전성은 누구나 충분히 이해할 수 있는 수준이어야 한다. 일련의 검증 절차는 자신의 투자가 이 같은 건전성을 갖추고 있는지 파악하는 것이어야 한다. 이런 두 가지 조건을 모두 충족시키지 못한 채 주식 투자를 한다면 그런 사람은 운이 좋든 나쁘든, 전통적인 투자 방식을 따르든 그렇지 않든 관계없이 보수적이라고 말할 수 없다.
내가 생각하기에는 대다수 투자자들이 보수적인 투자를 제대로 이해하지 못하고 혼동해왔기 때문에 이 점은 더욱 중요하다. 투자자 개인적으로는 물론 미국 경제 전반을 고려할 때 원칙을 이해하기 위해 진지한 노력을 다했다면 현재의 주식 투자자들이 최근에 경험한 것과 같은 시련을 다시금 겪어야 했던 일은 결코 일어나지 않았을 것이다. 지금 경험하고 있는 주식시장의 하락세는 40여 년 전 대공황 시절의 주식 투자자들이나 겪었을 법한 고통이다. 오늘날 미국은 전례를 찾아보기 어려울 정도로 전국민에게 삶의 질을 높일 수 있는 기회를 제공하고 있다. 여기에는 분명히 기술적인 지식과 노하우의 축적이 뒷받침됐을 것이다. 그러나 전통적인 방식에 기초해 이런 발전을 이루기 위해서는 대다수 투자자들은 물론 투자업계에서 일하는 많은 사람들도 기본적인 펀더멘털에 대한 재교육을 받아야 할 필요가 있다. 더 많은 투자자들이 실제로 안전하기 때문에 경제적으로 안전하다는 느낌을 받으려면 새로 주식시장에 상장하려는 기업들이 다시 늘어나야 한다. 그래야 기업들은 안정적인 기반 위에서 새로운 프로젝트를 계속 추진할 수 있는 추가 자금을 주식 발행을 통해 합법적으로 조달할 수 있다. 만약 그렇게 되지 않는다면 결국 유일한 해결책은 정부가 자금을 공급하는 것뿐인데 관료적인 틀에 얽매여 있는 정부에게 이런 일을 맡긴다는 것은 세계 어느 나라에서든 고비용, 저효율에 낭비도 무척 많다.

이런 이유로 나는 오늘날 투자자들이 직면한 문제는 투자자들 스스로 정면으로 맞서 직접 풀어야 한다고 생각한다. 이 책에서 이런 문제를 다루면서 나는 아들 켄으로부터 많은 도움을 받았다. 켄은 지금부터 설명할 여러 주제들의 개념 정립은 물론 이 책의 제목을 잡는 데도 큰 역할을 했다. 그의 도움에 대해 이 정도로 고마움을 표하는 것은 부족하다는 생각이다.

  이 책은 네 부분으로 나뉘어져 있다. 첫 번째 장에서는 앞서 내렸던 두 가지 정의 가운데 처음 것인 보수적인 주식 투자에 대한 해부―이런 단어가 적절할지 모르겠다―를 하고자 했다. 두 번째 장에서는 최근 주식시장의 약세를 연출하는 데 어느 정도 기여한 증권가의 오류들을 분석했다. 이 장은 증권가를 향해 무조건 비난의 화살을 던지려고 쓴 것이 아니라 비슷한 오류를 앞으로는 피할 수 있도록 하자는 게 목적이다. 최근에 저지른 잘못을 잘 연구해보면 비로소 투자의 기본적인 원칙을 분명하게 파악할 수 있다. 세 번째 장에서는 앞서 내렸던 두 가지 정의 가운데 나중 것인 보수적으로 투자하기 위해서는 어떻게 해야 하는지를 구체적으로 다뤘다. 마지막 장에서는 요즘 왜 그토록 많은 사람들에게 주식 투자가 위험하다고 널리 받아들여지고 있는지 설명하고자 했다. 주식 투자란 진실로 재산을 유지하는 데 적합한 수단이라는 점, 그리고 도박과는 왜 다르게 인식돼야 하는지 등이 주된 내용이다. 최근의 약세장으로 인해 경솔한 투자자들은 주식 보유를 마치 함정과도 같은 것이라고 여기기도 한다. 그러나 과거 주식시장에 심각한 약세장이 도래했을 때마다 능력이 있고, 스스로 생각할 수 있을 만큼 단련을 했으며, 순간순간 변하는 대중의 감정에 휩쓸리지 않고 독자적으로 판단할 수 있었던 투자자들은 대단한 기회를 얻었다. 정말로 그랬다는 사실을 이 책을 통해 똑똑히 파악했으면 하는 게 내 바람이다.

필립 A. 피셔

캘리포니아 주 샌머테이오

1

보수적인 투자의 첫 번째 영역: 생산, 마케팅, 연구개발, 재무 역량의 탁월함

보수적인 투자에 적합한 규모와 성격을 갖춘 기업은 반드시 복합적인 조직이라야 한다. 보수적인 투자가 어떤 것인지 이해하기 위해 우선 이런 기업이 가져야 할 특징들의 한 영역을 구체적으로 살펴보고자 한다. 이 첫 번째 영역은 크게 네 가지 부분으로 나눌 수 있다.

낮은 생산원가

어떤 기업이 진정으로 보수적인 투자 대상이 되기 위해서는 반드시 해당 업종에서 생산원가가 가장 낮거나 경쟁업체만큼 낮은 생산원가를 가져야 한다. 여러 제품을 생산한다면 전부는 아니더라도 주요 생산 부문에서는 그래야 한다. 이같은 조건을 충족시켜야만 이 기업은 판매가격과 생산원가의 차이인 매출총이익을 충분히 확보할 수 있고, 그럼으로써 두 가지 면에서 결정적으로 유리해진다. 우선 대부분의 경쟁업체들에 비해 생산원가가 낮으므로 손익분기점을 내는 데 넉넉한 여유를 가질 수 있다. 불황이 엄습하면 제품 판매단가가 해당 업종의 평균적인 손익분기점 아래로 떨어져 오랫동안 지속되기도 한다. 이런 상황이 벌어지면 생산원가가 높은 경쟁업체들은 손실이 너무 커져서 결국 일부 업체는 생산을 중단하기에 이른다. 반면 생산원가가 낮아 이런 불황 속에서도 살아남은 기업은 향후 얻을 수 있는 이익이 더욱 커진다. 앞서 생산을 중단한 경쟁업체가 공급했던 물량까지 인수해 제품 생산량을 더 늘릴 수 있기 때문이다. 더구나 생산원가가 낮은 기업은 경쟁업체들이 생산하는 물량이 줄어들면 단순히 생산량을 늘리는 데서 얻어지는 이익뿐만 아니라 경쟁업체들의 과도한 공급량으로 인해 야기됐던 가격 압력으로부터도 벗어나 제품 판매가격의 인상 효과도 거둘 수 있다.

생산원가가 낮은 기업이 누리는 또 다른 이익은 해당 업종의 평균치보다 훨씬 높은 영업이익률을 올리게 됨으로써 앞으로 성장하는 데 필요한 자금의 전부 혹은 중요한 부분을 내부적으로 조달할 수 있다는 점이다. 이것은 장기 자금을 외부에서 추가적으로 조달할 필요가 없다는 점에서 매우 중요하다. 다시 말해 (a) 신주를 추가로 발행해 현재의 주식 가치를 희석시키지 않아도 되고 (b) 고정적으로 이자를 지급해야 하는 데다 만기까지 정해져 있는 회사채 부담을 짊어져 주주들의 리스크를 키우는 일도 방지할 수 있는 것이다.

그러나 반드시 알아두어야 할 사실이 있다. 생산원가가 낮은 기업은 투자의 안전성과 보수성이라는 관점에서는 유리하지만 경기 활황기에 주식시장이 강세를 나타낼 때는 투기성이라는 측면에서 매력도가 떨어진다. 이런 시기에는 생산원가가 높고 리스크가 큰 한계 기업들의 이익 증가율이 훨씬 높다. 간단한 산술로 왜 그런지 설명해보겠다. 생산 규모가 동일한 두 기업이 있다고 하자. 이들은 평상시에 제품 한 개 당 10센트를 받고 팔아왔다. 생산원가가 낮은 A기업은 제품 한 개를 팔아 4센트의 이익을 얻는 반면 생산원가가 높은 B기업은 1센트의 이익밖에 얻지 못한다. 그런데 호황에 따른 제품 수요 증가 덕분에 두 회사의 생산원가와 생산량은 그대로 유지된 상태에서 판매가격만 12센트로 올랐다. 생산원가가 낮은 A기업은 판매 이익이 4센트에서 6센트로 50% 증가한 반면 생산원가가 높은 B기업은 판매 이익이 1센트에서 3센트로 200%나 늘었다. 경기 활황기에 생산원가가 높은 기업의 주가가 단기적으로 급등하는 것은 바로 이런 이유 때문이다. 그러나 몇 해 뒤 경제가 어려워지면서 제품 수요가 줄어들어 판매가격이 8센트로 떨어졌다고 하자. 생산원가가 낮은 기업은 이익이 감소하기는 했지만 그래도 안정적인 이익을 얻는다. 반면 생산원가가 높은 기업은 이미 부도를 냈거나 그렇지 않더라도 투자자의 가슴을 치게 만들 것이다.(자신이 투자자라고 생각하며 이런 기업의 주식을 매수한 투기자는 스스로를 탓하기 보다는 틀림없이 시장 시스템에 뭔가 잘못이 있을 것이라고 불평할 것이다.)

지금까지의 설명은 모든 제조업체에 해당하는 것이다. 그래서 생산원가라는 단어를 사용했다. 물론 제조업체 외에 서비스를 제공하는 기업들도 많다. 도소매 유통업체라든가 은행이나 보험회사 등이 대표적인 예다. 이들 기업의 경우에도 생산원가라는 단어 대신 영업원가라는 단어를 사용하고, 생산원가가 낮다거나 높다는 표현 대신 영업원가가 낮은 기업 혹은 영업원가가 높은 기업이라는 표현을 쓴다는 것 외에는 똑같은 원칙이 그대로 적용된다.

강력한 마케팅 조직

영업이 강한 기업은 늘 고객의 수요 변화에 기민하게 대응한다. 그래야만 과거의 고객 수요가 아닌 오늘의 고객 수요에 맞춰 제품을 공급할 수 있기 때문이다. 가령 20세기 초 이름난 마차 제조업체들이 잘못된 판단으로 엉뚱한 마케팅 노력을 기울인 것은 좋은 예가 될 것이다. 이들은 자동차로 업종을 전환하든가 마차 사업에서 손을 떼고 빠져 나왔어야 했다. 그런데 거꾸로 더욱 고급스럽고 멋진 마차를 만들어 자동차와 경쟁하려고 했다. 요즘 예를 들어보자. 아랍 국가들이 석유 금수 조치를 취하기 이전에도 미국의 중산층 소비자들은 대형 승용차가 기름만 많이 잡아먹는 낭비 요인이라는 생각을 갖고 있었다. 그러나 미국 자동차 업계에서는 소형 수입 승용차에 대한 인기가 날로 높아지고 있다는 사실을 전혀 인식하지 못하는 잘못을 저지르고 말았다. 이런 수요 변화는 대중들의 마음이 이미 주행 비용이 싸고, 주차하기도 쉬우며, 외형도 더 날렵한 승용차로 향하고 있다는 신호였는데도 말이다.

하지만 대중들의 기호 변화를 알아채고 이 변화에 신속하게 대응하는 것만으로는 충분하지 않다. 앞에서도 언급했지만 비즈니스 세계에서는 단순히 더 나은 제품을 만들었다고 해서 고객이 몰려오는 것은 아니다. 치열한 경쟁이 벌어지고 있는 상황에서 잠재적인 고객들로 하여금 해당 기업이 생산한 제품이나 서비스가 월등히 뛰어나다는 점을 인식하게 만들어야 한다. 이런 인식을 심어주려면 기업은 잠재 고객들이 진정으로 무엇을 원하는지 읽어내야 하고, 판매자 입장이 아니라 고객 입장에서 왜 자사自社 제품이나 서비스가 더 나은지 설명해주어야 한다.(고객 스스로는 뛰어난 점을 잘 느끼지 못하는 경우가 자주 있다.)

어떻게 하는 것이 가장 좋을지는 전적으로 어떤 사업을 하고 있느냐에 달려 있다. 광고를 하든, 영업자가 직접 전화를 걸든, 전문화된 마케팅 회사에 아웃소싱을 주든, 아니면 이런 모든 활동을 전부 하든, 어떻게 해서든 최선의 방법을 찾아내야 한다. 그러나 어떤 활동을 벌인다 해도 반드시 필요한 것은 비용 대비 효과를 늘 점검하고 꾸준히 측정해야 한다는 점이다. 최고 경영진이 이런 일을 제대로 하지 않으면 (a) 충분히 획득할 수 있었던 시장을 놓쳐버리는 바람에 결정적인 "규모의 경제"를 달성하지 못할 수 있고 (b) 너무 많은 비용을 지출하는 바람에 사업 활동에서 얻는 이익이 상당 부분 축소될 수 있으며 (c) 생산활동에 들어가는 다양한 요소들의 이익 기여도에 편차가 생겨 결국 회사가 얻을 수 있는 최대의 이익을 거두지 못할 수 있다. 훌륭한 생산 조직을 보유하고 있으면서도 마케팅과 판매 조직이 약한 제조업체나 서비스업체는 강력한 엔진을 갖추고 있으면서도 느슨한 바퀴 축과 질이 떨어지는 연결벨트로 인해 충분히 얻을 수 있는 성능의 일부밖에 발휘하지 못하는 자동차나 마찬가지다.

탁월한 연구개발 능력과 기술 역량

얼마 전까지도 뛰어난 기술 역량이 기업 경쟁력에 결정적인 영향을 미치는 분야는 전기전자나 항공, 제약, 화학 산업 같이 고도의 과학기술이 필요한 업종에 국한됐다. 그런데 경제가 성장하면서 이들 분야의 기술 적용 범위도 갈수록 넓어져 거의 모든 제조업과 서비스업에 널리 미치게 됐다. 최근에는 신발 제조업체나 은행, 보험회사, 소매업체들까지도 과거 대규모 연구개발 조직을 갖춘 특별한 과학기술 업종에서 그랬던 것처럼 탁월한 연구개발 인력과 기술진을 보유하고 있다. 기술적인 노력을 통해 기업은 두 가지 성과를 거둘 수 있다. 하나는 신제품과 더 나은 제품을 생산하는 것이다.(이 점에서는 식료품 체인회사보다는 화학제품 생산업체가 물론 더 많은 연구개발 인력이 필요할 것이다.) 또 하나는 이전보다 더 나은 방식으로, 그리고 생산원가를 더 낮춰 제품을 생산하는 것이다.(이 점에서는 어느 업종이든 우수한 기술진의 중요성이 비슷할 것이다.) 실제로 서비스 업종의 경우에도 기술진의 노력으로 예전보다 더 나은 서비스를 제공하거나 종전에는 없던 서비스를 선보이는 경우를 볼 수 있다. 은행업이 좋은 예다. 저렴한 전자 입력 기기와 미니컴퓨터의 도입으로 은행은 고객들에게 회계 서비스까지 제공하기 시작했고, 지금은 새로운 서비스로 자리잡아가고 있다.

  마케팅 분야와 마찬가지로 연구개발 및 기술 분야에서도 효율적인 기업과 그렇지 않은 기업 간에는 큰 차이가 있다. 여러 가지 일들이 복합적으로 이루어져야 하는 신제품 개발 과정의 경우 이런 차이가 극명하게 드러난다. 어느 기업의 연구개발 인력이 다른 기업의 인력에 비해 기술적으로 얼마나 경쟁력이 있으며 탁월한가는 매우 중요하다. 하지만 이것은 그 기업이 연구개발을 통해 얻을 수 있는 이익에 영향을 미치는 한 요인에 불과하다. 신제품 개발을 예로 들면 각기 다른 분야의 기술 전문가들을 포함한 수많은 연구진의 노력을 모두 결집해야 한다. 이들이 얼마나 협력해서 일하는가는 각각의 연구진이 가진 개인적인 경쟁력만큼이나 중요하다.(연구진을 협력하게 만들고 동기부여를 하는 리더의 능력도 마찬가지다.) 한 걸음 더 나아가 최대의 이익을 거두기 위해서는 단순히 신제품을 만들어내기만 하는 것이 아니라 중요한 고객 수요에 부합하고, 기존의 마케팅 조직이 판매할 수 있으며, 충분한 이익을 낼 수 있는 가격으로 팔 수 있는 제품을 만들어야 한다. 제아무리 세계 최고의 연구개발진이라 해도 팔리지 않는 제품만 개발한다면 기업에는 오히려 부담이다. 정말로 훌륭한 투자 대상 기업이라면 이런 복합적인 연구개발 과정을 모두 평균 이상으로 관리해야 한다. 이와 동시에 연구개발 인력을 너무 과도하게 통제하는 바람에 처음에는 무척 추진력이 있었고 천재적이라는 평까지 듣던 연구진이 힘을 잃게 해서는 안 된다.

돋보이는 재무관리 기술

생산원가와 마케팅, 연구개발에 대한 설명을 하면서 **순이익**과 **영업이익**이라는 단어를 반복해서 사용했다. 여러 생산 라인을 갖고 있는 대기업의 경우 각각의 제품을 생산하는 데 들어간 원가를 산출해내기란 쉬운 일이 아니다. 하나하나의 제품들마다 각기 다른 원재료가 투입되고 공장 근로자의 임금도 다를 것이다. 그런 점에서 다른 기업보다 나은 재무 인력을 보유한 회사는 결정적으로 유리할 수 있다. 각각의 제품을 만드는 데 투입한 생산원가를 정확히 알고 있으면 최대의 이익을 창출할 수 있는 제품에 노력을 집중할 수 있다. 제조하는 데 들어간 비용뿐만 아니라 마케팅과 연구개발에 들어간 비용까지 제품별로 상세한 정보를 파악하게 되면 기업 활동의 세세한 단계까지 모두 들여다 볼 수 있다. 그렇게 함으로써 기술 혁신을 통해, 혹은 인력 재배치를 통해 비용을 절감할 수 있는 것이다. 효율적인 재무관리 기술을 갖춘 진정으로 위대한 기업만이 누릴 수 있는 무엇보다 중요한 강점은 조기 경보 시스템이다. 당초 계획했던 이익에 부정적인 영향을 줄 수 있는 요인이 발생하면 재빨리 알아차릴 수 있기 때문이다. 그러면 신속하게 대응 조치를 취할 수 있고, 다른 많은 기업들처럼 투자자들을 가슴 철렁하게 만드는 일은 사전에 방지할 수 있을 것이다. 탁월한 재무 능력을 갖춘 기업이 투자자들에게 줄 수 있는 "선물"은 여기에 그치지 않는다. 이런 기업은 최고의 수익률을 올릴 수 있는 분야를 선택해 자본을 투자할 것이다. 특히 금리가 높을 경우 수익성에 큰 영향을 미치는 매출채권이나 재고자산 관리도 훨씬 더 돋보일 것이다.

  지금까지의 내용을 요약해보자. 보수적인 투자의 첫 번째 영역을 확실하게 충족시키는 기업이란 해당 분야에서 아주 낮은 생산원가나 영업원가를 기록하는 업체로서 뛰어난 마케팅 조직과 재무관리 기술을 보유하고 있으며, 연구개발진이나 기술 조직이 값진 성과를 도출해내는 데 수반되는 경영상의 복합적인 문제들을 해결할 수 있는 평균 이상의 역량을 갖춘 기업이다. 변화의 속도가 갈수록 빨라지는 기업 환경에서 이런 기업은 세 가지 이점을 갖는다. 첫째, 이익을 창출해내는 혁신적인 신제품을 계속해서 개발할 수 있다. 이런 신제품은 다른 기업들의 기술 혁신으로 인해 사장돼 버리는 기존 생산라인을 대체하는 것 이상을 의미한다. 둘째, 생산원가를 충분히 낮게 유지해 현재는 물론 미래에도 매출액 증가 속도만큼 순이익이 빠르게 늘어날 수 있다. 그럼으로써 경기가 최악의 국면으로 빠져들어도 투자의 안전성을 위협할 수준은 피할 수 있다. 셋째, 적어도 현재의 이익률을 그대로 유지하면서 계속 새로운 제품을 판매하고 개발할 수 있다.

이것은 신중한 투자의 한 영역을 그려낸 것이다. 굳이 다른 영역의 관점에서 바라보지 않아도 투자자들에게 헷갈리지는 않을 것이다. 그러나 다른 영역을 살펴보기 이전에 분명히 이해하고 넘어가야 할 게 하나 있다. 투자 자금을 보수적으로 지키는 것이 목적이고, 안전성이 최고의 목표라면 왜 그렇게 성장이라든가 신제품의 개발, 새로운 생산라인을 이야기하는 것일까? 새로운 시도를 할 때 수반되는 온갖 리스크를 부담할 필요 없이 그저 현재의 매출액과 순이익 규모를 그대로 유지하면 충분하지 않을까? 기업에게 성장이 왜 그토록 중요한가는 인플레이션이 투자에 미치는 영향을 논의하면서 설명할 것이다. 그러나 기본적으로 잊어서는 안 될 게 있다. 갈수록 변화의 속도가 빨라지고 있는 시대에 오래도록 변하지 않고 그대로 있는 것은 아무것도 없다는 사실이다. 가만히 멈춰있는 것은 불가능하다. 어느 회사든 성장하지 않으면 뒤처진다. 강력한 공격이 최선의 방어다. 더 나은 방향으로 성장하는 것만이 기업으로 하여금 더 나빠지는 것을 막아준다. 정상으로 올라가는 데 실패한 기업은 어떤 과정을 거치든 내리막길을 걷게 된다. 과거에도 그랬지만 앞으로는 더욱 그럴 것이다. 이것은 기술 혁신의 속도가 갈수록 더 빨라지고 있기 때문이기도 하지만 사회적인 관행과 구매 습관, 정부에 대한 새로운 요구가 전례를 찾아보기 힘들 정도로 급속도로 변화하면서 과거 가장 경직적이었던 산업조차도 변화해야 하는 상황에 이르렀기 대문이다.

2

보수적인 투자의 두 번째 영역: 인적 요소

보수적인 투자의 첫 번째 영역을 간단히 말하자면 생산과 마케팅, 연구개발, 재무관리라는 기본적인 분야에서 경쟁력 있는 탁월한 경영 능력을 갖추고 있어야 한다는 점이다. 이 같은 첫 번째 영역은 요즘 기업을 보면 알 수 있듯이 결국 결과의 문제다. 반면 두 번째 영역은 무엇이 이런 결과를 만들어내며, 더욱 중요한 것으로 이런 결과를 앞으로도 계속해서 이어나가기 위해서는 무엇이 필요한가에 관한 것이다. 이런 결과를 이끌어내는 원동력은 바로 **사람**이다. 어느 산업에 속해 있는 기업이든 그 기업을 매력적인 투자 대상으로 만드느냐, 아니면 그저 그렇거나 뒤떨어지는 투자 대상으로 만드느냐를 결정짓는 요인은 다름아닌 **사람**이다.

벤처 캐피털 업계의 개척자로 멋진 사업을 펼쳤으며 내가 이 책을 쓰는 데도 큰 영향을 준 에드워드 H. 헬러는 그가 언제든 재정적으로 확실한 지원을 아끼지 않는 사람들의 특징으로 "살아있는 정신vivid spirit"을 들곤 했다. 정말로 뛰어난 성공을 거둔 기업의 이면에는 결단력을 가진 창조적 기업가가 있으며, 그에게는 추진력과 독창적인 아이디어, 기업을 진정으로 가치 있는 투자 대상으로 만들 수 있는 기술이 있다는 말이다.

이 말은 소규모 기업으로 계속 성장해나가는 경우에는 정확히 들어맞는다.(헬러는 실제로 이런 벤처 기업에 관심을 집중했고, 그가 거둔 엄청난 성공은 대부분 이 같은 기업들로부터 나왔다.) 하지만 작은 기업이 규모가 커져 보수적인 투자에 적합한 기업이 되려면 헬러의 말은 약간 다듬어져야 한다. 내가 아는 또 다른 천재적인 사업가 한 명은 자신과 아주 가까운 친구가 사장으로 있는 한 회사에 투자하는 것을 무척 꺼려했다. 그가 그 회사에 문제가 있다고 본 것은 이런 이유 때문이다. "그 회사 사장인 내 친구는 지금까지 내가 만나본 사람들 가운데 가장 똑똑한 인물입니다. 늘 정확하고 틀리는 법이 없지요. 작은 기업에서는 이런 게 좋습니다. 그러나 회사가 성장하게 되면 '가끔씩' 정확해질 필요가 있지요."

이것이야말로 보수적인 투자의 두 번째 영역이 무엇인지 그 핵심을 짚어주는 말이다. 최고 경영자는 자기 주변에서 일하는 인재들의 장기적인 성장을 위해 헌신해야 하며, 다양한 부서에서 회사의 중요한 업무를 처리하는 경쟁력 있는 인재들에게 상당한 정도의 권한을 이양해야 한다. 회사 직원들은 사내 권력 다툼의 소용돌이에 휘말려서는 안 되며, 명확하게 설정한 회사의 목표를 향해 함께 노력해야 한다. 회사의 목표 가운데 하나는 최고 경영자가 시간을 들여 정확히 파악하고 훈련을 시켜야 하는 것으로, 언제든 필요할 때면 중견 간부가 고위 경영진으로 올라설 수 있도록 해야 한다는 것이다. 이 같은 목표는 진정한 투자 성공을 위해 반드시 필요한데, 회사의 모든 임직원 계층마다 동일한 목표가 적용돼야 한다. 임직원 누구나 자신보다 한 단계 낮은 직급의 직원이 자신과 똑같은 업무를 수행할 수 있는지 세심하게 주의를 기울여야 한다.

그렇다면 진정으로 보수적인 투자에 적합한 기업은 반드시 내부에서 인재를 승진시켜야 하며 신입 사원이나 비정규 직원을 제외하고는 외부 인재를 스카우트 해서는 안 된다는 말인가? 빠른 속도로 성장해가는 기업은 적재적소에 필요한 인재를 훈련시킬 시간이 부족해서라도 외부에서 사람을 구해야 한다. 더구나 빼어난 인력을 가진 기업이라 하더라도 때로는 회사의 정상적인 업무 성격상 내부에서는 찾아낼 수 없는 고도의 전문기술을 가진 인재는 외부에서 찾아야 한다. 회사의 일상적인 업무 계통에서는 벗어나 있는 법률이나 보험 관련 업무, 혹은 과학 분야의 직원 훈련을 담당하는 부서의 전문가들이 이런 경우에 해당될 것이다. 외부에서 인재를 구하는 것은 또 한 가지 이점이 있다. 새로 스카우트한 인재는 기존의 기업 문화를 새로운 시각으로 바라보고 신선한 아이디어를 시도함으로써 그동안 최선의 방식이라고 여겨왔던 것들에 도전하게 된다는 점이다.

그러나 일반적으로 말하자면 실제로 투자하기에 매력적인 기업은 대개 내부에서 인재를 승진시킨다. 최고의 투자 가치를 가진 기업들(반드시 규모가 크거나 널리 알려진 기업은 아니다)은 전부가 자체적인 필요에 맞춰 독특한 인사 정책과 승진 방식을 개발해놓고 있는데, 그것은 바로 이런 이유 때문이다. 이런 특별한 방식이 정말로 가치 있는 것이라면 다른 방식에 오랫동안 익숙해져 있는 외부 인력을 재교육시키는 것은 무척 어렵고 어쩌면 불가능할지도 모른다. 조직의 고위층 인사로 올라갈수록 인력을 외부에서 스카우트하는 데 따르는 적응 비용은 더 커진다. 이를 입증할 만한 정확한 통계는 인용할 수 없지만 내가 관찰한 바로는 잘 나가는 회사에서도 최고 경영진으로 스카우트한 고위 임원들 가운데 상당수가 몇 년 뒤 사라져버리는 경우가 허다하다.

투자자들이 반드시 염두에 두어야 할 것이 한 가지 있다. 대기업이 외부에서 새로운 최고 경영자를 영입해야만 하는 처지라면 기존 경영진에 뭔가 기본적으로 문제가 있다는 신호로 받아들여야 한다. 최근의 손익계산서에 나타난 피상적인 경영실적이 아무리 그럴듯하게 보여도 그렇다. 새로 영입한 사장이 일을 훌륭하게 처리하고, 기존의 경영진 사이에 있었던 갈등이 다시는 재연되지 않도록 빠른 시일 내에 성실한 경영진으로 자신의 주변을 정리한다면 물론 좋을 것이다. 그렇게 된다면 이런 기업의 주식을 제때 매수한 투자자는 아주 현명한 투자를 했다고 할 수 있다. 그러나 이 같은 경영진 재구축은 시간이 상당히 오래 걸리고 리스크도 따른다. 만약 이런 기업에 투자해 아직도 보유하고 있다면 자신의 과거 투자 사례들을 살펴보면서 정말로 올바른 투자 원칙에 따라 투자해왔는지 되짚어 보는 게 필요할 것이다.

모든 투자자가 잡아낼 수 있는 아주 귀중한 단서 한 가지는 그 기업의 경영진이 사실상 단 한 사람에 의해 좌지우지되는가, 아니면 하나의 유기체처럼 잘 움직이는 팀을 이루고 있는가 하는 점이다.(그러나 이 같은 단서를 잡아냈다고 해도 경영진을 구성한 팀이 얼마나 뛰어난지는 알 수 없을 것이다.) 주식시장에 상장된 기업이라면 매년 발표되는 사업보고서를 통해 최고 경영진이 받는 급여를 개략적으로 파악할 수 있다. 만약 최고 경영자 한 명이 받는 급여가 바로 밑의 고위 임원 한두 명에 비해 파격적으로 높다면 일단 경계해야 한다. 물론 최고위 임원들의 급여가 직급별로 조금씩 차이가 난다면 그것은 괜찮다.

최적의 투자 대상이 되기 위해서는 경영진을 구성하고 있는 최고위 임원 각자가 하나의 팀을 이뤄 협력하고, 최고 경영자를 맡을 수 있는 능력을 갖추고 있는 것만으로는 부족하다. 에드워드 헬러가 말한 "살아있는 정신"을 가진 경영진의 숫자가 가능한 한 많아야 한다. 이들은 지금의 상태가 매우 만족스럽다 해도 결코 현재에 안주하지 않고 더 나은 단계를 위해 부단히 노력하고 전력을 기울인다. 이런 경영진은 쉽게 찾아보기 힘들지만 하나의 사례를 소개하겠다. 모토로라의 경우 한동안 증권가에서 전혀 관심을 기울이지 않았던 기업인데, 전혀 가능할 것이라고 생각하지 않았던 극적인 변화를 이루어냈다.

모토로라 최고 경영진은 1967년에 다가올 장래의 급속한 성장으로 인해 고위 경영진의 꾸준한 확대가 불가피하다는 점을 인식했다. 최고 경영진은 곧 현실화할 문제에 직접 부딪치기로 결단을 내렸다. 모토로라는 그 해 애리조나 주 오라클에 최고 경영자 교육기관을 개설했다. 일상 업무에서 벗어날 수 없는 회사의 사무실이나 공장으로부터 멀리 떨어진 곳에 이런 교육기관을 세운 이유는 새로운 분위기 속에서 두 가지 목표를 수행하기 위한 것이었다. 첫째, 비상한 능력을 갖춘 장래성 있는 인재를 통상적인 활동 범위를 넘어선 문제들을 처리할 수 있도록 훈련시킴으로써 보다 더 중요한 업무를 처리할 수 있는 실력을 배양한다. 둘째, 최고 경영자는 이런 인재를 승진시킬 때 적용할 능력 검증의 중요한 기초를 미리 다듬을 수 있다.

모토로라가 이 같은 최고 경영자 교육기관을 설립하자 경영진 내부에서조차 과연 이런 목적으로 거액의 비용을 들일 필요가 있는가 하는 의문이 제기됐다. 회의론자들은 전사全社를 통틀어 이런 특별한 훈련을 받을 만한 인재는 100명도 채 되지 않을 것이라는 주장을 폈다. 그러나 그 후에 벌어진 일들은 이 같은 회의론이 얼마나 잘못된 것인지 극명하게 보여주었다. 최고 경영자 교육기관에서는 한 번에 14명씩, 매년 5~6개 클래스를 훈련시켰다. 1974

년 중반까지 약 400명의 모토로라 임직원들이 최고 경영자 교육기관에서 교육을 받았다. 이곳을 거쳐간 인원의 숫자보다 더욱 중요한 사실은 사장과 부사장을 포함해 최고 경영자 교육기관에서 훈련을 마친 간부들이 이곳에 처음 들어올 때는 전혀 생각하지 못했던 탁월한 능력을 발견했다는 점이다. 특히 최고 경영자 교육기관에서 훈련을 받은 인재들의 교육 성과가 갈수록 좋아지고 있다는 점도 회사 입장에서 볼 때 매우 고무적이다. 회사가 성장함에 따라 모토로라의 전체 임직원 숫자는 계속 늘어나고 있고, 임직원들은 앞으로도 계속해서 이런 성장이 이어질 것이라고 확신하고 있다. 이 모든 사실은 투자자에게도 매우 중요하다. 최고 경영진의 탁월한 수완이 발휘되기만 한다면 평균 이상의 속도로 빠르게 성장하는 기업의 경우에도 비상한 능력을 갖춘 인재를 내부에서 "키워낼 수 있다"는 것을 보여주기 때문이다. 성장 속도가 너무 빨라 어쩔 수 없이 외부에서 적당한 인재를 구해야 할 경우 내부적으로 갈등의 불씨가 되거나 스카우트를 잘못하는 리스크를 안아야 한다는 점을 감안하면 내부적으로 능력 있는 인재를 충원할 수 있는 기업은 그만큼 경쟁력을 갖추고 있는 셈이다.

누구나 개성이 있다. 개개인 각자가 다른 사람과는 구별되는 성격상의 특징을 갖고 있는 것이다. 마찬가지로 어느 기업이나 저마다 일을 처리하는 독특한 방식을 갖고 있다. 어떤 기업은 엄격한 원칙과 정책에 따라 움직이는 반면 어떤 기업은 아무런 원칙이나 정책도 없다. 기업들마다 조금씩은 다 다를 것이다. 그런데 성공적인 기업일수록 다른 기업과는 구별되는 독특한 원칙과 정책을 갖고 있는 경우가 많다. 특히 오랜 기간 성공을 이어온 기업일수록 이런 점은 더욱 뚜렷하다. 개인의 개성이란 일단 성장해서 성격상의 특징들이 굳어지면 잘 변하지 않는다. 그러나 기업의 경우에는 외부적인 환경 변화에 따라, 또 세월이 흘러 조직의 최고위 인물이 교체되면서 일을 처리하는 방식도 큰 영향을 받는다.

기업의 원칙과 정책은 회사마다 다르다. 장기적인 시각을 갖고 있는 보수적인 투자자가 보유할 만한 기업의 주식은 다음과 같은 세 가지 요소를 반드시 갖추고 있어야 한다.

1. 세상은 그 어느 때보다 빠른 속도록 변하고 있다는 사실을 기업 스스로 인식하고 있어야 한다.

기업의 모든 임직원은 지금 시행하고 있는 모든 일들에 대해 도전적인 자세로 사고하고 계획해야 한다. 가끔씩 도전하는 정도가 아니라 끊임없이 도전해야 한다. 기존의 모든 방식에 대해 그것이 진정으로 최선의 방법인가를 인간의 실수 가능성까지 염두에 두고 부단히 검증하고 재검증해봐야 한다. 변화하는 환경에 적절히 대처하기 위해 새로운 방법을 도입할 경우 어느 정도의 리스크는 감수해야 한다. 지금 행하고 있는 방식이 아무리 편하고 안전하다 해도 단지 그것이 과거에 잘 통했고, 전통적인 방식으로 굳어졌다는 이유만으로 계속 유지해서는 안 된다. 일하는 방식에 전혀 변화가 없고, 스스로 부단히 도전하지 않는 기업이 갈 길은 내리막길 하나뿐이다. 이와는 반대로 대기업이면서도 최고 경영진이 변화에 능동적으로 대처해 기꺼이 구조조정을 해나가는 기업은 주주들에게 확실한 보상을 해줄 수 있다. 대표적인 기업이 다우 케미칼이다. 이 회사가 지난 10년간 이루어낸 성과는 비록 세계 최고는 아닐지라도 미국 내에서는 어떤 화학업체도 따라올 수 없는 발군의 것이었다. 다우 케미칼이 기존의 사업 방식에서 스스로 탈피한 대표적인 사례는 기업 구조를 지역에 따라, 즉 다우 유에스에이, 다우 유럽, 다우 캐나다 식으로 5개의 독립 경영팀으로 새로 짠 것이다. 이런 방식을 도입함으로써 다우 케미칼은 해당 지역에서 발생하는 문제들을 그 지역에 가장 적합한 방법으로 신속하게 해결할 수 있었고, 거대 기업이 쉽게 빠져드는 관료적인 비효율성에서도 벗어날 수 있었다. 다우 유럽 사장은 새로운 경영 구조 개편에 대해 이렇게 말했다. "기업 구조를 지역별로 나눔으로써 우리에게는 각각의 독립된 경영팀이 새로운 도전 대상이 되었습니다. 시장에서 직접 경쟁하는 회사들이 아니라 다우 케미칼의 자회사들이 우리를 더욱 분발하게 만들고 있는 것이지요." 다우 케미칼은 특히 다른 거대 다국적 기업들보다 매출액이 훨씬 작았을 때 이런 식의 구조 개편을 단행했다. 그 무렵 거대 다국적 기업들은 기존의 경영 구조를 그대로 유지하고 있었다. 투자자에게는 이런 점이 더욱 중요할 것이다. 변화와 발전은 일하는 시스템을 더욱 좋게 만들고자 하는 혁신적인 사고에서 나오는 것이다. 결코 위기에 직면해 불가피하게 받아들이는 것이 아니다.

끊임없이 새로운 방식을 개척해내고 있는 이 회사가 과감히 과거와 단절하고 획기적인 성과를 내놓은 사례는 수없이 많다. 한 가지 예를 더 들자면 아무런 사업 기반도 없던 스위스에서 은행을 성공적으로 출범시킨 것이다. 다우 케미칼이 100% 지분을 가진 이 은행은 해외 고객들에게 수출 금융을 제공하기 위해 만든 것이다. 이번에도 초기 단계에는 어느 정도의 리스크를 감수해야 했지만 이 회사 최고 경영진은 기존의 방식과 결별하는 데 전혀 주저하지 않았고, 마침내 기업의 본질적인 잠재력을 더욱 강력하게 만들었다.

다우 케미칼이 지나온 과정을 돌아보면 이와 비슷한 숱한 사례들을 발견할 수 있다. 그러나 가장 극적인 장면을 보여주는 한 가지 사례만 더 소개하겠다. 다우 케미칼은 화학 기업들이 공해 물질 제거를 위해 거액의 비용을 들여야 한다는 점을 다른 어느 회사보다 먼저 인식했다. 덕분에 최고 경영진이 정한 목표를 훨씬 능가하는 성과를 냈다. 물론 중간 단계의 경영진이 협력했기 때문에 가능한 일이었다. 다우 케미칼 최고 경영진은 공해 물질 제거를 위해 가장 직접적이면서도 수익성 높은 방식을 도입하기로 결정했다. 공해 물질을 가공해 새로운 제품으로 판매할 수 있는 방법을 끊임없이 연구하고 개발하기로 한 것이다. 다우 케미칼은 그렇게 신기원을 써나갔다. 최고 경영진의 전폭적인 지원과 공장 관리자 및 고급 화학 엔지니어들의 피나는 노력이 합쳐져 이 프로젝트는 공해 물질 제거에서 "최초의" 기록들을 연이어 써냈다. 덕분에 다우 케미칼은 비판적인 시각으로 화학 기업을 바라보던 환경 단체들로부터 오히려 찬사를 받는 회사가 됐다. 이보다 더욱 중요한 점은 공장이 자리잡은 지역 주민들로부터 아무런 비난도 받지 않게 됐다는 것이다. 다우 케미칼은 이런 모든 성과를 아주 적은 비용을 들여 일구어냈고 영업이익에 기여한 제품까지 만들어냈다.

2. 새로 입사한 현장 근로자부터 고위 경영진에 이르기까지 모든 임직원들이 자신의 회사가 일하기에 정말 좋은 곳이라는 마음을 가져야 한다. 기업이 이런 느낌을 주기 위해서는 선전이 아니라 사실에 기초해 의식적이며 계속적인 노력을 기울여야 한다.

우리들 대부분은 매일같이 상당한 시간을 직장에서 보내며 다른 사람이 필요로 하는 정해진 일을 한다. 이 시간에 놀러 가거나 오락을 즐기고 싶을 수도 있지만 그러면 월급을 받을 수 없다. 누구나 이 사실은 알고 있을 것이다. 최고 경영진이 단지 몇몇 고위 간부들만이 아니라 전체 임직원 모두에게 일하기 좋은 환경을 만들고자 노력하고 있으며 근로자들의 복지를 위해 애쓰고 있다는 믿음을 불어넣어 준다면 비약적인 생산성 향상과 획기적인 원가 절감을 통해 회사가 얻는 보상은 막대할 것이다. 여기에 들인 비용의 수십 배에 달할 것이다.

이런 정책의 출발점은 모든 근로자들이 인간적인 존재로 대우받고 있음을 실제로 보여주는 것이다. 단순히 말로 하는 것이 아니라 확신이 들도록 해야 한다. 1년 전쯤 신문에 이런 기사가 난 적이 있다. 미국에서도 손꼽히는 대기업에서 벌어진 일인데, 이 회사의 생산직 근로자들은 매일 기름때에 절은 손으로 점심을 먹어야 한다고 노조 간부가 주장했다. 회사 측에서 세면대를 제대로 만들어주지 않아 손을 씻을 시간이 없었기 때문이라고 했다. 나는 이와는 전혀 다른 이유로 이 회사 주식에 투자하지 않았고, 따라서 이해관계도 전혀 없다. 노조 간부의 이 같은 주장이 실제로 사실에 근거한 것인지, 아니면 임금 협상을 하다 감정적인 문제가 발단이 돼 일부러 침소봉대針小棒大한 것인지는 알지 못한다. 하지만 만약 사실이라면 이런 회사의 주식은 이 이유 하나만으로도 현명한 투자자가 보유하기에 적당하지 않다는 게 내 생각이다.

근로자들이 진정으로 회사를 사랑할 수 있도록 만드는 방법은 이들을 인간적으로 존중하는 것 외에도 수많은 방법이 있다. 퇴직 연금이라든가 이익 공유 프로그램은 그 중에서도 대표적일 것이다. 모든 임직원이 직급에 관계없이 서로 흉금을 터놓고 대화할 수 있는 장場을 만드는 것도 좋은 방법이다. 근로자들이라면 누구나 관심을 갖는 중요한 문제는 모두에게 명백하게 밝히는 것이 좋다. 그러면 지금 회사 일이 어떻게 진행되고 있는가를 알릴 수 있을 뿐만 아니라 나중에 혹시 벌어질지도 모를 갈등의 씨앗을 미리 없애는 효과도 거둘 수 있다. 여러 직급의 임직원들이 무엇을 생각하고 있는지 정확히 파악하는 것은 특히 그것이 부정적인 생각일 경우 더욱 중요하다. 누구나 불만사항이 있으면 질책을 받을 것이라는 두려움 없이 속 시원히 직장 상사에게 털어놓을 수 있는 분위기를 만드는 것도 회사에 도움이 된다. 물론 이런 개방적인 정책을 유지하기 위해서는 어디에나 있게 마련인 괴짜들로 인한 시간 낭비를 어느 정도 감수해야 한다. 일단 직원들의 불만사항이 발견되면 그것을 어떻게 처리할 것인가에 대한 의사결정은 즉각 내려져야 한다. 대개 회사에 가장 값비싼 대가를 치르도록 만드는 요인은 오랫동안 해결되지 않고 누적된 불만 사항이다.

임직원 모두가 하나의 통일된 목적을 갖도록 만드는 것이 회사에 얼마나 큰 이익을 주는가를 여실히 보여주는 대표적인 사례는 텍사스 인스트루먼트가 시행한 "인적 효율성people-effectiveness" 프로그램이다. 이 프로그램의 역사는 특히 외부 변수로 인해 예기치 못한 난관에 부딪쳤을 때에도 탁월한 최고 경영진은 굳은 의지를 갖고 완벽하게 회사 정책을 밀고 나간다는 사실을 확실하게 알려준다. 모든 임직원이 회사 실적을 개선하기 위한 의사결정 과정에 참여하고, 또 모든 임직원에게 혜택이 돌아갈 수 있도록 함으로써, 즉 자신이 공헌해서 얻은 성과로부터 얻어지는 이익을 반드시 가져갈 수 있도록 하는 시스템을 구축하면 회사 전체로도 이익이 된다는 믿음을 텍사스 인스트루먼트의 최고 경영진은 일찍부터 갖고 있었다. 1950년대 당시 반도체 생산 과정은 주로 손으로 조립하는 공정이었다. 따라서 생산직 근로자들의 번뜩이는 아이디어가 작업 능률을 향상시키는 계기가 되는 경우가 자주 있었다. 생산직 근로자들은 공식적인 회의를 통해, 혹은 비공식적인 모임을 통해 자신은 물론 자신이 속해있는 팀이 작업 능률을 향상시킬 수 있는 방법이 무엇인지를 배웠다. 이와 동시에 작업 능률을 향상시키는 데 참여한 근로자들은 이익 공유 프로그램과 각종 시상 등의 방법으로 경제적인 보상을 받았고, 자신들도 회사가 그려내고 있는 큰 그림의 일부라는 자부심을 가질 수 있었다. 그 후 이 같은 수공업 위주의 반도체 생산 방식이 자동화되기 시작했다. 자동화의 흐름이 빨라지면서 기존의 생산 공정을 기계가 통제하게 됐고, 개별 근로자들이 작업 능률 향상에 공헌할 수 있는 여지는 아주 적어졌다. 일부 근로자들은 더 이상 자신들이 회사의 경영 성과를 높이는 데 참여할 수 없게 됐다는 데서 박탈감마저 느꼈다. 그러나 최고 경영진은 정반대의 시각을 갖고 있었다. 근로자들의 참여는 과거 그 어느 때보다 더욱 중요한 역할을 할 것이라고 내다본 것이다. 다만 달라진 것은 근로자들이 자신의 목표를 세우고, 이를 달성하기 위해 무엇을 할 것인지 결정하는 과정이 개별적으로 수행되는 것이 아니라 팀이나 그룹을 통해 이루어지게 됐다는 점이다.

근로자들은 마침내 (1) 자신들이 어떻게 해야 하는지에 대해 지시를 받는 것이 아니라 의사결정 과정에 진정으로 참여하며 (2) 금전적으로, 또 명예와 자부심을 얻음으로써 보상을 받는다고 느끼기 시작했다. 그 결과는 대단한 것이었다. 팀으로 뭉친 근로자들이 스스로 목표를 설정했는데, 이들이 세운 목표는 당초 경영진이 예상했던 것보다 훨씬 높았다. 이런 팀들이 계속해서 늘어갔다. 때로는 자신들이 세운 목표를 달성하기 어려워지거나 팀 내에서의 근로자들간 경쟁이 너무 치열한 경우도 있었는데 이럴 때면 근로자들 스스로 휴식시간이나 점심시간에 따로 시간을 내서 경영진이 생각해보지 못했던 투표를 실시해 문제를 해결하기도 했다. 불평불만이 많거나 게으른 근로자는 당연히 팀의 목표 달성을 위태롭게 만들었지만 이들을 재훈련시키는 문제 역시 경영진이 전통적으로 사용했던 방식보다 훨씬 더 나은 방법으로 해결했다. 그렇다고 이 모든 것이 교육을 통해 민주적인 방식을 익힌 근로자들에게만 국한된 것은 아니었다. 교육 및 경제 수준은 물론 인종과 피부색, 출신 국가에 관계없이 모든 근로자들에게 똑같이 적용됐다. 이들은 이런 방식으로 생산성을 높였고 그 이익을 서로 공유했다. 더구나 이 같은 자발적인 목표 달성 계획은 텍사스 인스트루먼트의 미국 내 공장에서 가장 먼저 시작됐지만 프랑스나 일본 같은 소위 선진국에 설립한 공장에서는 물론 근로자들 거의 전부가 아시아인과 흑인인 싱가포르나 큐라소 공장에서도 똑같이 획기적인 성과를 얻었다. 어느 나라 공장에서든 팀으로 이뤄진 근로자들은 자신들의 작업 성과를 기록한 보고서가 단지 최고 경영진에게 보고되는 데 그치는 것이 아니라 성의껏 평가되며, 달성한 목표를 명예롭게 인정해준다는 사실에 깊은 자부심을 느꼈고 사기도 높아졌다.

 1974년 주주총회에서 이 회사 사장인 마크 셰퍼드 주니어가 이런 모든 사실을 소개하면서 투자자들도 그것이 어떤 의미를 갖는 것인지 정확히 알게 됐다. 그는 회사의 인적 효율성 지수는 매출액을 전체 인건비 지출액으로 나눈 값으로 구한다고 설명했다. 텍사스 인스트루먼트의 가장 큰 생산 부문이었던 반도체 생산라인은 요즘과 같은 인플레이션 시대에도 지속적으로 단위 당 판매가격을 떨어뜨리며 제품을 생산하는 보기 드문 기록을 이어가고 있다. 반면 임금의 경우 미국 내 공장에서는 한 해 평균 7%, 이탈리아와 일본에서는 20%씩 상승해 논리적으로 보면 인적 효율성을 웬만큼 향상시킨다 해도 인적 효율성 지수는 떨어질 수밖에 없다. 그럼에도 불구하고 이 회사의 인적 효율성 지수는 1969년 2.25에서 1975년에는 2.50으로 높아졌다. 더구나 이미 명확히 설정한 추가적인 인적 효율성 향상 계획과 그에 따른 이익 공유 프로그램에 의해 근로자들에게 돌아갈 몫이 훨씬 커질 것으로 예상되는데도 1980년까지 인적 효율성 지수를 3.10까지 높이는 것을 회사의 목표로 정했다. 이 목표가 계획대로 달성된다면 이 회사는 근로자들에게 그야말로 수지 맞는 일터가 될 것이다. 사실 텍사스 인스트루먼트는 지난 수십 년간 아주 야심찬 장기 계획을 몇 차례 발표한 적이 있는데 지금까지 하나도 빠짐없이 모두 이루어냈다.

그러면 이제 투자자 입장으로 돌아가보자. 보수적인 투자의 두 번째 영역을 설명하기 위해 여기서 예로 들어 설명한 인간 중심의 프로그램 세 가지 사례에는 아주 중요한 유사성이 있다. 회사의 성장에 절실하게 요구되는 뛰어난 인재를 선별하고 양성하기 위해 모토로라가 교육기관을 설립한 것은 사실 단순하고도 일반적인 사례로 들릴지 모른다. 마찬가지로 다우 케미칼이 환경 문제를 극복하기 위한 선제적인 조치로 근로자들로 하여금 서로 협력해서 문제를 풀어나가도록 독려하고, 또 그것을 회사의 수익 사업으로 만든 방법이나 텍사스 인스트루먼트가 돋보이는 인적 효율성 프로그램을 시행하면서 거둔 성과들도 그저 있을 수 있는 일이라고 치부할 수 있다. 그러나 어느 회사가 이런 프로그램을 시행해 보겠다고 결정을 내렸을 경우 이루 헤아릴 수 없는 복잡한 문제들이 뒤따를 것이다. 계획을 실행하는 데 필요한 조치들을 이사회에서 승인 받기 위해 임원진을 설득하는 것은 차라리 아무것도 아니다. 이런 프로그램은 일단 공식화하기는 쉽지만 그것을 현장에서 실행하는 것은 전혀 다른 차원의 문제다. 실수를 저지르면 매우 값비싼 대가를 치러야 한다. 모토로라가 세운 인재 양성 교육기관이 엉뚱한 인물을 승진 대상으로 선정할 수도 있고, 교육과정에 문제가 있어서 앞날이 촉망되는 인재가 회사를 그만둘 수도 있다. 마찬가지로 회사에서는 일반적인 수준의 인적 효율성 계획을 만들어 시행했지만 근로자들이 정말로 자신들이 참여하는 프로그램인지 전혀 느끼지 못할 수도 있고, 적절한 보상을 해주지 못함으로써 근로자들에게 괜한 실망감만 안겨줄 수 있다. 이런 일은 얼마든지 벌어질 수 있다. 같은 프로그램이라도 제대로 적용하지 못하면 회사를 망칠 수도 있는 것이다. 하지만 인간 중심의 정책과 기술을 시행하는 데 앞서나가는 기업은 이런 정책과 기술로부터 이익을 얻어내는 방법을 계속해서 발견할 것이다. 이런 정책과 기술을 시행하는 기업은 어떤 문제에 접근하고, 문제를 해결하는 특별한 방식으로써 일종의 **독점적인 방법**을 가지고 있는 셈이다. 바로 이런 이유로 장기적인 투자자에게 이 점은 매우 중요한 것이다.

3. 최고 경영진은 회사의 건전한 성장에 필요하다면 어떠한 정책이든 기꺼이 감내할 수 있어야 한다.

요즘처럼 빠르게 변화하는 세상에서는 어떤 기업도 그대로 머무를 수 없다는 점은 이미 지적했다. 더 나아지든가 아니면 더 나빠질 것이며 올라가지 못하면 내려갈 것이다. 성장 기업에 투자하는 진짜 목적은 이익을 얻기 위한 것일 뿐만 아니라 손실을 피하기 위한 것이다. 최고 경영진 스스로 성장 기업임을 포기하는 회사는 찾아보기 힘들다. 그러나 최고 경영진이 목청껏 성장을 외치는 기업이라고 해서 반드시 성장을 제1의 목표로 추구하는 것은 아니다. 많은 기업이 매 회계연도 말이 되면 최대의 이익을 내야 한다는 강박관념에 사로잡혀 있다. 일단 손익계산서에 나타난 당기순이익이 전년도보다 한 푼이라도 많아야 하는 것이다. 진정으로 성장을 추구하는 기업은 절대로 이렇게 하지 않는다. 이런 기업은 당기순이익의 목표를 기업의 확장에 필요한 비용을 조달하는 수준에 맞춘다. 이렇게 당기순이익을 더 내는 데 연연해하지 않는 기업이야말로 멀리 내다볼 때 아주 가치 있는 투자 대상이다. 이런 기업은 신제품이나 신공정을 개발하고, 새로운 생산라인을 가동하고, 오늘의 1달러 투자가 내일의 수십 달러 수익으로 돌아오는 진정으로 매우 귀중한 기회가 보일 때면 과감히 눈앞에 보이는 최대의 당기순이익을 희생한다. 이를 위해 최고 경영진이 실제로 취하는 정책들은 다양하다. 기업이 성장해 나가는 데 필요한 신규 인력을 미리 뽑아 훈련시키거나 고객이 꼭 필요로 하는 서비스를 즉시 제공함으로써 회사 이미지를 한 차원 높이는 것 등이 모두 해당된다. 최고 경영진이 말로만 그러는 것이 아니라 진정으로 기업의 장기적인 이익을 높이기 위해 애쓰고 있는가를 판단하기 위해서는 이런 정책들이 실제로 시행되고 있는지 유심히 살펴봐야 한다. 보수적인 투자자에게는 반드시 필요한 자세다. 아무리 유명한 기업이라 해도 이런 정책을 그저 입으로만 떠들어대고 있다면 결코 투자자를 넉넉하게 해줄 투자 대상이 될 수 없을 것이다. 또 이런 정책을 시행하려고 노력은 하지만 막상 현실적인 성과는 거두지 못하는 기업 역시 보수적인 투자 대상으로는 적당하지 않을 것이다. 가령 막대한 연구개발비를 지출하면서도 이를 제대로 관리하지 못해 실제로 거두는 이익은 형편없는 기업이 여기에 해당할 것이다.

3

보수적인 투자의 세 번째 영역: 기업 활동의 본질적인 성격

보수적인 주식 투자의 첫 번째 영역은 기업의 현재 및 미래 수익성에 결정적인 영향을 미치는 기업 활동이 얼마나 뛰어난가 하는 것이다. 두 번째 영역은 기업의 이런 활동과 정책들을 만들어내는 사람들이 얼마나 우수한가 하는 것이다. 세 번째 영역에서는 이와는 약간 다른 문제를 다룰 것이다. 평균 이상의 수익성을 가능케 하는 기업 고유의 특성을 가지고 있는가, 혹은 그렇지 않은가에 관한 것이다. 여기서 중요한 것은 이런 특성은 **기업 활동 그 자체의 본질적인 성격**이어야 한다는 점이다. 또 평균 이상의 수익성은 예상할 수 있는 장래의 기간에 해당되는 것이다.

이런 특성들을 자세히 살펴보기에 앞서 우선 평균 이상의 수익성이 투자자에게 왜 그렇게 중요한 것인지 짚어볼 필요가 있다. 평균 이상의 수익성은 투자자가 더 나은 투자 성과를 올리는 데도 중요하지만 투자 원금을 보전하기 위해서도 반드시 필요하다. 이런 맥락에서 기업의 성장이 결정적인 역할을 한다는 점은 이미 앞에서 설명했다. 기업이 성장하는 데는 여러 부문에서 비용이 많이 든다. 신제품 개발을 위한 실험이나 시장조사, 시험적인 마케팅, 설비 확장에 필요한 각종 간접 비용은 만약 이런 데 쓰이지 않았더라면 더 많은 이익으로 남겨졌을 것이다. 이렇게 성장을 위해 쓰인 비용 가운데 일부는 불가피하게 실패로 돌아가 아무런 효과도 얻지 못하게 된다. 더구나 본격적으로 생산시설을 증설하거나 설비를 추가하고 매장을 넓히면 훨씬 더 많은 비용이 투입된다. 또한 기업이 커나갈수록 원활한 사업 활동을 위해 더 많은 재고자산이 필요해진다. 마지막으로 현금만 받고 판매하는 극히 예외적인 기업을 제외하고는 어느 기업이든 매출액이 늘어나면 외상매출금도 증가하고 그만큼 회사의 귀중한 자원이 그쪽으로 흘러가게 된다. 불가피하게 발생하는 이런 모든 비용을 감수하려면 평균 이상의 수익성이 절실히 요구되는 것이다.

특히 인플레이션 시대에는 수익성의 중요도가 더욱 커진다. 물가가 오르고, 따라서 전반적인 생산원가도 상승하게 되면 기업은 이런 비용 증가 요인을 시간을 두고 제품 가격에 전가해 해결하는 경우를 자주 볼 수 있다. 그러나 대개는 비용이 늘었다고 제품 가격을 즉각 인상하지는 못한다. 또 중장기적으로 보면 생산원가가 낮아 판매마진율이 큰 기업은 생산원가가 높은 경쟁업체에 비해 비교적 적은 타격을 입는다. 왜냐하면 인플레이션 시대에는 생산원가가 높은 기업이 상대적으로 더욱 높은 비용 상승 압력에 직면하기 때문이다.

기업의 수익성은 두 가지 방식으로 표현할 수 있다. 우선 가장 기본적인 방식으로, 대부분의 경영진이 수익성을 평가하는 잣대로 활용하는 투하자본 수익률ROI, return on invested assets이다. 이것은 기업이 신제품이나 신공정을 도입하는 데 신규로 투자할 것인가의 여부를 결정할 때 아주 중요한 기준이 된다. 신제품이나 신공정을 도입하는 데 자본을 투자했을 경우 기대되는 수익률은 몇 퍼센트인가? 동일한 금액을 다른 곳에 투자했다면 거둘 수 있는 수익률보다는 얼마나 높은가? 사실 개인 투자자들은 기업 경영진에 비해 이 같은 잣대를 활용하기가 무척 어렵다. 투자자들은 대개 신규로 자본을 투자한 특정 사업 부문의 수익률을 현재가치로 파악하는 것이 아니라 해당 기업의 순이익이 전체 자산의 몇 퍼센트인지 정도만 알 수 있다. 지난 40년간 그랬던 것처럼 설비 자산의 원가가 계속해서 상승했던 시기에 어느 회사의 전체 투하자본 수익률을 설비 자산의 투자 시점이 상이한 다른 회사와 비교한다면 물가 수준의 차이로 인해 상당히 왜곡된 결과를 얻게 될 것이다.

이런 이유로 인해 순이익률, 즉 매출액 1달러 당 순이익이 얼마나 되는가를 비교해보는 게 더 도움이 될 수 있다. 그러나 여기에는 한 가지 염두에 두어야 할 것이 있다. 자산 대비 매출액 비율이 높은 기업의 경우, 순이익률은 높지만 매출 회전율이 낮은 기업에 비해 수익성이 더 높다는 점이다. 가령 연간 매출액이 전체 자산의 3배에 이르는 기업, 즉 매출액이 3달러 늘어나는 데 1달러의 자산 투자가 추가로 필요한 기업은 연간 매출액이 전체 자산과 같은 수준인 기업, 즉 매출액이 1달러 늘어나는 데 1달러의 자산 투자가 필요한 기업에 비해 순이익률이 낮더라도 더 많은 이익을 거둘 수 있다. 하지만 수익성이라는 측면에서 보자면 순이익률뿐만 아니라 투하자본 수익률도 함께 고려해야 하는 반면 투자의 안전성이라는 측면에서 보자면 관건이 되는 것은 오로지 순이익률뿐이다. 다시 설명해보겠다. 만일 어떤 두 기업의 영업비용이 똑같이 매출액의 2%에 해당되는 금액만큼 상승했지만 제품 판매가격은 인상할 수 없다고 하자. 그러면 순이익률이 1%에 불과했던 기업은 손실이 날 것이고, 결국에는 문을 닫아야 할지 모른다. 반면 순이익률이 10%였던 기업은 영업비용 상승으로 인해 입는 타격이라고 해봐야 순이익이 5분의 1정도 줄어드는 데 그친다.

먼 안목으로 보수적인 투자를 할 경우 고려해야 할 세 번째 영역에서 반드시 기억해야 할 마지막 문제를 살펴보자. 요즘처럼 변화의 속도가 빠르고 경쟁이 치열한 세계에서는 평균 이상의 순이익률, 혹은 높은 투하자본 수익률을 유지하는 것이 매우 중요하다. 특히 어떤 기업이 상당히 장기간에 걸쳐 이 같은 목표를 실현할 경우 불가피하게 잠재적인 경쟁업체들이 몰려들게 된다. 잠재적인 경쟁업체들이 실제로 시장에 진입하면 기존 기업의 시장점유율을 잠식한다. 대개 잠재적인 경쟁업체의 위협이 현실화하면 시장을 둘러싼 치열한 경쟁으로 인해 이전까지 높은 순이익률을 기록했던 기업의 매출액은 정도의 차이는 있겠지만 어쨌든 타격을 입게 된다. 기존의 기업이 향유해왔던 높은 순이익률은 그야말로 잠재적인 경쟁업체들을 유인하는 달콤한 꿀단지인 셈이다. 꿀단지는 당연히 그것을 맛보려는 배고픈 곤충 무리를 끌어 모은다. 기업의 세계에서 이 꿀단지를 잠재적인 경쟁업체 무리로부터 보호할 수 있는 방법은 두 가지뿐이다. 첫 번째는 독점이다. 독점은 통상 불법적인 경우가 많지만 특허권 등으로 보호받을 수도 있다. 그렇지만 어떤 경우든 독점체제는 대개 갑작스럽게 종말을 맞고, 따라서 투자의 안전성을 보장해줄 수 없다. 기업이 몰려드는 곤충들로부터 꿀단지를 보호할 수 있는 두 번째 방법은 비교할 수 없을 정도로 높은 생산성을 유지하는 것이다. 이렇게 하면 현재의, 혹은 잠재적인 경쟁업체로 하여금 기존의 시장 상황을 흔들어보려는 시도를 해봐야 아무런 득도 없다는 인식을 확실하게 심어줄 수 있다.

지금까지 기업의 상대적인 수익성이라는 문제를 살펴봤으니 이제 보수적인 투자의 세 번째 영역의 핵심으로 돌아가보자. 그러니까 어느 기업이 상당히 장기간에 걸쳐 평균 이상의 순이익률을 유지할 수 있다면, 당연히 훌륭하게 경영되고 있을 이런 기업의 특별한 성격은 무엇인가 하는 점이다. 아마도 가장 일반적인 특성을 꼽자면 기업인들 사이에 "규모의 경제"라고 부르는 것이 될 것이다. 규모의 경제를 보여주는 간단한 예를 들어보자. 매달 100만 개의 제품을 생산하는 기업은 같은 제품을 매달 10만 개 생산하는 기업에 비해 일반적으로 제품 단위 당 생산원가가 낮을 것이다. 물론 어떤 두 회사의 생산량이 10배나 차이가 난다 해도 단위 당 생산원가의 차이는 업종에 따라, 기업에 따라 천차만별일 것이다. 심지어는 생산량이 이렇게 큰 차이가 나는데도 단위 당 생산원가에 아무런 차이도 없을 수 있다. 더구나 어떤 산업이든 그 업종에서 가장 큰 기업은 아주 탁월한 경영이 수반될 경우에만 시장점유율 1위 기업으로서의 유리한 지위를 최대한 누릴 수 있다는 점을 명심해야 한다. 기업의 규모가 커질수록 효율적으로 경영하기란 더욱 어려워진다. 사실 규모의 경제가 가져다 주는 이점보다 중간관리층의 비대화와 관료화로 인한 비효율성과 의사결정의 지연이 초래하는 손실이 더 클 수도 있다. 때로는 시장점유율 1위의 대기업이라 해도 최고 경영진이 복잡다기한 수많은 사업부문별로 꼭 필요한 주의를 제때 기울이지 못하는 경우도 있다.

이와는 반대로 어떤 기업이 매출액 측면뿐만 아니라 수익성이라는 면에서도 업계의 확실한 선두주자가 되면 최고 경영진이 높은 경쟁력을 유지하는 한 결코 이 자리를 내주지 않을 것이다. 보수적인 투자의 두 번째 영역을 설명하면서 이런 기업의 최고 경영진은 끊임없이 변화하는 외부 환경에 대처할 수 있도록 기업 정책을 바꿔나갈 수 있는 능력을 갖고 있어야 한다고 지적했다. 일부 투자 이론에서는 업계에서 2위나 3위를 차지하고 있는 기업의 주식을 사는 게 유리하다고 주장하기도 한다. "2위나 3위 기업은 1위로 올라설 수 있지만 이미 1위를 차지한 기업은 떨어질 수 있기 때문"이라는 게 이들이 내세우는 이유다. 물론 일부 업종에서는 시장점유율 1위 기업이 선두주자로서 확실히 시장을 이끌어가지 못하는 경우도 있다. 하지만 그런 경우가 있다 해도 실증적으로 드러난 자료를 살펴보면 이런 주장에 동의할 수 없다. 몇 가지 과거의 사례들을 돌아보자. 지난 수십 년간 웨스팅하우스는 제너럴 일렉트릭을 넘어서기 위해 갖은 애를 썼고, 몽고메리워드 백화점은 시어즈 백화점을 앞서기 위해 부단히 노력했지만 시장점유율 순위는 바뀌지 않았다. 심지어 컴퓨터 시장에서 IBM이 초기에 확실한 주도권을 선점한 이후 미국 내 최대 기업인 제너럴 일렉트릭을 비롯한 숱한 기업의 도전이 있었지만 IBM의 절대적인 시장점유율을 빼앗지는 못했다. 마찬가지로 컴퓨터 주변기기 시장에서도 저가를 무기로 내세운 중소기업들의 도전이 끊이지 않고 있지만 여전히 IBM은 컴퓨터 산업에서 가장 수익성 높은 선두 기업으로서의 자리를 지키고 있다.

그렇다면 이들 기업이 규모의 이점을 가장 먼저 확보할 수 있었던 요인은 무엇일까? 대개는 충분한 수요를 창출할 수 있는 신제품이나 혁신적인 서비스를 제일 먼저 시장에 내놓았고, 뛰어난 마케팅 활동과 애프터서비스, 품질 향상, 고객 만족 및 피드백을 위한 광고 활동 등을 통해 새로 진출한 시장을 넓혀간 것이다. 이런 분위기는 또한 신규 고객들로 하여금 시장의 선두주자에게 몰려들도록 유도하는 역할을 했다. 선두주자는 이미 확실한 명성과 훌륭한 이미지를 확보했기 때문에 이 회사 제품을 매입한다고 해서 누구도 나쁘게 말하지 않을 것이다. 컴퓨터 시장에서 IBM의 선두자리를 노리고 수많은 경쟁업체들이 뛰어들었지만 일반 기업체의 전산 담당자들 대부분이 다른 경쟁업체가 아니라 IBM의 컴퓨터와 주변기기를 가장 먼저 추천하고 있다는 사실을 경쟁업체에서는 아무도 알지 못했다. 심지어 경쟁업체의 컴퓨터와 주변기기가 더 싸고 더 좋다고 생각하는 전산 담당자들조차 그렇게 했다. 이들은 기본적으로 나중에 혹시 컴퓨터에 문제가 생겼을 경우에도 자신이 업계 선두주자인 IBM의 제품을 추천했으므로 결코 비난 받지 않을 것이라는 생각을 갖고 있었던 것이다. 반면 업계에서 별로 이름이 알려지지 않은 중소기업의 컴퓨터를 추천했는데 나중에 잘못되면 그 즉시 해고될지도 모를 일이었다.

  제약 업계에서는 이런 말이 있다. 진짜 효능이 탁월한 신약을 처음으로 개발한 제약업체는 시장의 60%를 선점하고, 여기서 나오는 이익의 거의 전부를 독차지한다는 것이다. 같은 효능의 신약을 두 번째로 개발한 제약업체는 시장의 약 25%를 차지하고 약간의 이익을 얻는다. 그 뒤에 신약을 개발한 제약업체 세 곳은 전체 시장의 약 10%를 나눠 갖고 보잘것없는 이익에 만족해야 한다. 추가로 새로 시장에 뛰어드는 제약업체는 고전을 면치 못한다. 어느 회사의 제품 이름이 일반적인 상품 전체를 대표하는 요즘 유행을 감안하면 선두 기업에게 돌아가는 이같은 시장점유율은 더 높아질 수도 있을 것이다. 물론 이런 시장점유율을 다른 산업에도 공식처럼 똑같이 적용할 수는 없을 것이다. 하지만 투자자들은 이런 시장점유율을 낳게 된 이면에 어떤 이유가 숨어있는지 정확히 파악해야 한다. 어떤 기업은 자연스럽게 수익성이라는 측면에서 우월한 입장을 갖게 됐지만 다른 기업은 그렇지 못한 것이다.

한 기업이 생산원가가 낮고, 잘 알려진 제품 이름 덕분에 많은 고객을 새로 끌어들일 수 있다는 강점만으로 지속해서 강력한 경쟁력을 유지할 수 있는 것은 아니다. 캠벨 수프 컴퍼니의 수프 사업부문이 왜 그렇게 매력적인 투자 대상이 되었는지 살펴보면 쉽게 이해할 수 있을 것이다. 우선 이 회사는 수프를 담는 캔 제조업체로는 미국 내에서 가장 컸고, 수직 계열화를 통해 군소 업체들이 도저히 따라올 수 없을 정도로 생산원가를 낮출 수 있었다. 자기 회사에서 필요로 하는 수량만큼 수프용 캔을 만들 수 있다는 게 무엇보다 큰 강점이었다. 그러나 이보다 더욱 중요한 점은 캠벨 수프 컴퍼니의 사업 규모가 워낙 방대해 전국적인 거점 지역별로 수프 통조림 제조공장을 세울 수 있었다는 사실이다. 덕분에 이 회사는 두 가지 측면에서 우월한 지위를 점할 수 있었다. 우선 수프를 만드는 데 필요한 재료를 통조림 제조공장으로 운반하는 거리가 훨씬 짧아졌고, 수프 통조림을 슈퍼마켓까지 운반하는 거리도 크게 단축됐다. 수프 통조림은 특히 제품 가격에 비해 운반비가 상대적으로 많이 드는 품목이다. 이로 인해 한두 개의 공장밖에 갖고 있지 않은 수프 통조림 제조업체들은 전국적인 시장을 놓고 캠벨과 경쟁하기가 어려웠다. 캠벨이 누린 또 한 가지 우월한 지위는 더욱 중요하다. 캠벨의 수프 통조림은 이미 확고한 인지도를 갖고 있었기 때문에 고객들 모두가 잘 알고 있었고, 따라서 슈퍼마켓 주인들은 고객이 슈퍼마켓에 들어오면 언제든 금방 찾을 수 있도록 눈에 가장 잘 띄는 진열 공간에 상당한 양의 캠벨 수프를 진열해 놓았다. 슈퍼마켓 주인들은 반면 이름이 잘 알려지지 않았거나 경쟁력이 떨어지는 업체들의 수프 통조림은 좋은 자리에 진열하려고 하지 않았다. 눈에 가장 잘 띄는 곳의 진열대를 차지하면 당연히 수프 판매에 도움이 된다. 이것은 또한 1등 업체가 계속해서 선두 자리를 유지할 수 있도록 지원해주는 요인이 되고, 잠재적인 경쟁업체들로 하여금 멀찌감치 뒤처지도록 만드는 또 다른 요인으로 작용한다. 더구나 경쟁업체들을 더욱 힘들게 만드는 것은 캠벨의 통상적인 광고비 지출이다. 캠벨은 다른 중소 경쟁업체들에 비해 워낙 생산 규모가 컸기 때문에 천문학적인 광고비 지출에도 불구하고 제품 단위 당 광고비는 훨씬 적었다. 이런 여러 가지 이유로 인해 캠벨은 높은 순이익률을 유지할 수 있는 강력한 힘을 고유한 특성으로 갖고 있었던 것이다. 하지만 전체적인 그림을 완성하기 위해서는 반드시 그 반대쪽에 있는 부정적인 영향을 살펴봐야 한다. 인플레이션이 심각해지면 캠벨의 생산원가도 높아지게 마련이다. 그렇다고 해서 소비자 가격을 무턱대고 인상할 수는 없다. 만약 수프 가격의 상승폭이 다른 식료품 가격의 평균 인상폭보다 더 올라가면 소비자들의 수요는 대체 식품으로 옮겨갈 것이기 때문이다. 더욱 중요한 점은 다른 수프 통조림 회사는 굳이 심각하게 여기지 않아도 되는 결정적인 경쟁자를 갖고 있다는 사실이다. 생산원가가 올랐다고 해서 판매가격을 인상하면 캠벨 수프 시장 자체가 크게 줄어드는 것이다. 미국의 주부들이 식료품비 지출을 아끼기 위해 즈방에서 직접 수프를 만들어 먹을 것이기 때문이다. 이 점을 언급하는 이유는 규모의 경제 덕분에 결정적인 경쟁력 우위를 차지했고, 회사 경영 역시 훌륭하게 해나가고 있는 기업이라 해도 이 같은 중요한 특성이 그 자체만으로 반드시 높은 수익성을 보장해주는 것은 아니라는 사실을 설명하기 위함이다.

규모의 경제는 투자자 입장에서 볼 때 어떤 기업이 대단히 높은 수익성을 계속해서 유지할 수 있는 유일한 요소도 아니고, 다른 기업에 비해 투자 대상으로서 매우 우수하다는 점을 뒷받침하는 요인도 아니다. 내가 생각하기에 특별히 관심을 두어야 할 또 하나의 포인트는 기술 분야의 시장에서 이미 확실하게 자리잡은 매우 성공적인 기업과 경쟁하는 것은 무척 어렵다는 것이다. 특히 한 가지의 과학 기술이 아니라 두 가지 이상의 전혀 다른 전문 기술이 복합적으로 필요한 분야의 경우 더욱 그렇다. 무슨 말인지 쉽게 설명해보겠다. 누군가가 컴퓨터와 전자장비 분야에서 주목할 만한 시장을 창출할 게 확실시되는 참신한 전자제품을 개발했다고 하자. 그런데 컴퓨터와 전자장비 분야에는 기술력이 뛰어난 기업들이 워낙 많고, 이들 기업은 새로 개발한 하드웨어와 소프트웨어 제품을 대량으로 생산해낼 수 있는 전문 기술자도 다수 보유하고 있다. 신제품 시장이 어느 정도 커지면 경쟁이 치열해질 것이고, 그러면 막상 신제품을 개발한 기업은 별로 이익을 얻지 못할 것이다. 이런 분야에서는 이미 성공을 거둔 대기업이 훨씬 더 큰 고유한 우월적 지위를 누린다. 사실 전자제품의 경우 소비자가 요구할 때 재빨리 달려가서 애프터서비스를 해줄 수 있는 서비스 네트워크를 갖추지 않으면 제대로 판매하기 어렵다. 이미 성공을 거둔 바 있는 기존의 대기업은 대개 이런 조직을 상설화하고 있다. 새로이 시장에 진입한 소규모 기업이 이런 서비스 네트워크를 갖추고서 신제품을 출시하기란 현실적으로 어렵고 비용도 너무 많이 든다. 신생 기업이 잠재적인 고객들에게 자사의 애프터서비스 네트워크가 제품을 팔 때뿐만 아니라 앞으로도 계속 운용할 만큼 충분한 재무 능력을 갖추었다는 점을 인식시키기도 무척 힘들다. 더구나 이런 모든 요인들로 인해 과거에도 아주 탁월한 신제품을 개발해 전자 업계에 새로 뛰어든 대다수 신생 기업들이 끝내는 진정한 선두주자로 부상하는 데 실패하고 말았다. 물론 성공을 거둔 극히 예외적인 경우도 있었지만 신생 기업이 기존의 선두 기업을 따라잡기란 앞으로도 여전히 험난한 길이 될 것이다. 반도체 산업의 경우 점점 더 지식집약형 산업으로 변하고 있고, 기술적 노하우의 중요성이 더욱 커지고 있다. 반도체 산업의 선두 기업들은 그래서 컴퓨터 및 주변기기 산업의 선두권 업체들이 전자

제품 분야에서 축적해놓고 있는 기술적 노하우에 못지않은 지식을 자체적으로 보유하고 있다. 텍사스 인스트루먼트가 반도체를 응용한 소형 전자계산기 시장에서 아주 극적인 성공을 거둔 것이나, 다른 많은 신생 기업들이 쓴맛을 봐야 했던 분야에서 대성공을 이룬 것도 바로 이런 이유 때문이다.

그러나 그 반대편의 상황이 얼마나 빨리 변하고 있는지도 주목해야 한다. 단지 하드웨어와 소프트웨어 제품을 만드는 기술뿐만 아니라 이런 기술을 전혀 다른 분야의 기술, 즉 원자핵공학이나 고도로 전문화된 화학 기술과 결합시킨 획기적인 신제품을 만든다고 해보자. 대형 전자 업체들은 이런 고도의 이종異種 기술을 접합한 새로운 시장에 진출할 만한 자체적인 기술적 노하우를 갖고 있지 못하다. 바로 이 점이 뛰어난 기술혁신 기업으로 하여금 자신이 생산한 특별한 제품 분야에서 선두주자로 자리매김할 수 있는 아주 확실한 기회를 제공하는 것이다. 이들은 높은 순이익률을 얻을 수 있고, 경영진의 역량이 갑자기 약화되지 않는 한 계속적으로 이런 이점을 누릴 수 있다. 나는 굳이 전자 산업 분야가 아니더라도 이런 이종 기술을 결합한 기업들 가운데 일부가 최근에 정말로 가능성 있는 투자 기회를 제공하고 있다고 생각한다. 이런 기회는 앞으로 더 많이 생겨날 것이라고 나는 자신있게 말할 수 있다. 예를 들어 머지않은 장래에 전자 기술과 바이오 기술을 융합한 신제품이나 신기술을 개발해 새로이 업계의 선두주자로 부상하는 기업이 나올 것이라고 생각한다. 물론 아직까지는 내가 언급한 기준에 부합하는 기업을 발견하지 못했지만 그렇다고 해서 지금 이런 회사가 단 하나도 없다고 말할 수는 없을 것이다.

기업 활동이라는 측면에서 볼 때 지금까지 설명한 기술 개발과 규모의 경제만이 기업의 높은 순이익률을 계속 유지할 수 있는 특별한 기회를 만들어주는 것은 아니다. 마케팅과 영업 분야에서 이런 기회가 창출되는 경우도 있다. 가령 어떤 기업은 고객들로 하여금 거의 자동적으로 자사 제품을 다시 사도록 하는 '습관'을 만들기도 한다. 경쟁업체의 다른 제품을 사는 것은 비경제적이라는 인식을 심어주는 방식이다. 이렇게 하는 데는 두 가지 전제조건이 모두 충족돼야 한다. 우선 어느 기업이 생산하는 제품의 품질과 신뢰성이 뛰어나다는 명성을 확고히 해야 한다. 이것은 소비자들이 (1) 자신이 적절한 구매 행동을 하고 있다는 인식을 갖고 있으며 (2) 다른 제품은 품질이 떨어지거나 제조상의 하자로 인해 문제를 야기할 수 있다고 여기며 (3) 어떤 경쟁업체도 시장의 작은 부분밖에 차지하지 못해 시장 지배적인 사업자가 해당 제품의 사실상 유일한 공급업체라고 생각할 정도가 돼야 한다. 이와 동시에 이런 제품의 가격은 고객이 지출하는 전체 소비금액의 아주 작은 일부분이라야 한다. 그래야만 별로 알려지지 않은 경쟁업체의 제품을 약간 낮은 가격에 구입해봐야 절약하는 비용보다 혹시 있을지도 모를 품질 저하 등의 문제로 인한 리스크가 더 크다고 판단할 것이기 때문이다. 그러나 기업 스스로 이 같은 여건을 모두 갖추었다 하더라도 매년 평균 이상의 순이익률을 이어나갈 수 있다고 확실하게 보장해주는 것은 아니다. 기업이 평균 이상의 순이익률을 계속해서 유지하기 위한 두 번째 전제조건은 제품 구매 고객으로 소수의 대규모 거래처가 아니라 다수의 고객을 가져야 한다는 점이다. 이들 다수의 고객은 신문이나 잡지 광고 등을 통해 잠재적인 경쟁업체들을 접하고는 있지만 기본적으로 시장지배적인 사업자의 제품에 충분히 특화되어 있어야 한다. 그러면 시장지배적인 사업자가 생산하는 제품의 품질이 계속 유지되고 서비스의 결함이 나타나지 않는 한 이런 상황에서 고객의 제품 구매 패턴이 변할 수 있는 단 한 가지 경우는 경쟁업체의 유능한 세일즈맨이 개별적으로 접근해서 설득하는 것뿐이다. 하지만 다수 고객들 각자가 구매하는 제품의 양을 고려할 때 개별적인 세일즈 활동은 전혀 경제적일 수 없다! 따라서 이미 이런 면에서 유리한 지위를 선점한 기업은 마케팅을 통해 평균 이상의 순이익률을 유지할 수 있고, 또 기술적인 큰 변화가 나타나 (혹은 앞서 언급했던 기업 자체의 효율성에 급격한 저하가 일어나서) 시장 선도적인 지위를 잃지 않는 한 평균 이상의 순이익률은 무한정 지속될 수 있을 것이다. 이런 부류의 기업들은 어느 정도 고도의 기술이 요구되는 제품 시장에서 쉽게 발견할 수 있다. 시장 선도적인 기업이 보여주는 특징 가운데 하나는 자사의 이미지를 유지하기 위해 자사 제품을 활용하는 기술에 관한 세미나를 자주 개최한다는 것인데, 이런 세미나는 일단 시장에서 선두주자로서의 지위를 확보한 기업에게는 매우 유용한 마케팅 수단이다.

"평균 이상의" 순이익률이나 "통상적인 수준보다 훨씬 높은" 투하자본 수익률이라고 해서 해당 업종의 일반적인 수준보다 몇 배씩이나 높을 필요는 없다. 몇 배나 높다고 해서 그 기업의 주식이 대단한 투자 기회를 제공하는 것도 아니다. 오히려 몇 배나 높아서는 안 된다. 사실 순이익률이나 투하자본 수익률이 과도할 정도로 높다면 이것은 위험 신호가 될 수도 있다. 비상식적일 정도로 큰 꿀단지를 조금이라도 차지하기 위해 온갖 종류의 기업들이 달려들 것이기 때문이다. 이와는 대조적으로 선두주자이면서도 매출액 대비 순이익률이 2위권 경쟁업체에 비해 2~3%포인트정도 높은 수준을 꾸준히 유지한다면 이런 기업이 훨씬 더 나은 투자 대상이 될 수 있다.

지금까지 설명한 진정으로 보수적인 투자의 세 번째 영역에 관한 문제를 요약해보자. 평균 이상의 수익성이 장기적으로 지속되기 위해서는 특별한 기업 활동의 경제적 여건에 의해 뒷받침된 고유한 이유가 있어야 한다. 보수적인 투자의 두 번째 영역에서 설명한 인적 요소가 우수할 뿐만 아니라 이들이 기업에 이런 고유한 이유를 불어넣어야 한다. 간단히 말해 세 번째 영역과 관련해 이런 질문을 던져볼 수 있을 것이다. "어느 특정 기업은 할 수 있는데 다른 경쟁업체들은 할 수 없는 것은 무엇인가?" 이 질문에 대해 아무것도 없다는 대답이 나온다면 비록 지금 이 회사의 사업이 번창하고 있더라도 다른 경쟁업체들이 이 회사와 똑같은 조건으로 시장에 뛰어들어 현재 이 회사가 누리고 있는 이익을 빼앗아 갈 것이다. 그렇다면 분명해진다. 이런 기업의 주식은 비록 주가가 낮다 하더라도 세 번째 영역을 충족시키는 투자 대상으로는 부적합하다.

4

보수적인 투자의 네 번째 영역: 주가를 결정짓는 요소

주식 투자의 네 번째 영역에는 주가수익 비율PER, price-earnings ratio 이 포함된다. 주가수익 비율이란 현재의 주가를 주당 순이익으로 나눈 것이다. 어떤 주식의 적정 가치를 평가하는 데 주가수익 비율이 정말로 유용한지 여부를 따지고 들면 그때부터 혼란은 시작된다. 주식시장과 관련한 지식이 상당한 수준인 전문 투자자는 물론 대부분의 투자자가 이 점에 대해 혼란스러워 한다. 이들은 특정 기업의 주가가 왜 그렇게 큰 폭으로 오르고 내리는지 정확히 이해하지 못하고 있기 때문이다. 이런 혼란은 투자자들에게 막대한 손실로 귀결된다. 자신이 보유한 주식을 그렇게 비싼 가격으로 매수해서는 안 됐다는 사실을 뒤늦게 깨닫게 되는 것이다. 심지어 어떤 이유로든 계속 보유했어야 할 주식을 잘못된 시점에 그릇된 이유로 인해 매도한 투자자들은 더 큰 손실을 입는다. 이 주식을 팔지 않고 장기적으로 계속 투자했더라면 대단한 투자 수익을 올렸을 것이기 때문이다. 더욱 나쁜 결과는 이런 일이 자꾸만 반복되다 보면 올바른 투자 대상이 될 수 있는 기업을 평가하는 능력을 완전히 상실하게 되고, 이는 곧 투자자의 소득수준 저하로 연결될 수 있다는 점이다. 개별 기업의 주가가 급락할 때마다 심각한 손실을 입은 투자자들은 이 같은 손실을 초래한 원인이 자신의 잘못이나 투자 자문가의 실수 때문이 아니라 시스템의 오류 때문이라고 비난한다. 이들은 급기야 어떤 기업의 주식이든 저축 수단으로는 부적합하다는 결론을 내리게 된다.

그러면 동전의 다른 면을 살펴보자. 많은 다른 투자자들은 올바른 주식을 상당히 장기간 보유함으로써 오랜 세월에 걸쳐 꽤 괜찮은 투자 수익을 올렸다. 이들이 거둔 성공은 기본적인 투자 원칙을 이해했기 때문일 수도 있고 단지 행운이 따라준 덕분일 수도 있다. 하지만 이런 성공의 공통분모를 찾아보면 보기 드물 정도로 아주 뛰어난 특정 기업의 주식을 단지 그 주식이 단기간에 급등하는 바람에, 즉 이 기업의 주가수익 비율이 그동안 증권가에서 통상적으로 받아들여왔던 수준을 감안할 때 갑자기 너무 높아 보인다고 해서 팔아버리는 우愚를 범하지 않은 데 있다.

주가의 급변동을 가져오는 요인이 무엇인지 정확히 이해하기 위해 그 이면까지 샅샅이 뒤져보는 투자자는 거의 없다는 게 정말 놀라울 정도다. 사실 이 점이 무엇보다 중요하다. 하지만 주가의 결정적인 움직임을 지배하는 법칙은 매우 간단히 이야기할 수 있다. **어떤 개별 종목의 주가가 전체 주식시장의 움직임과 비교해 현저할 정도로 변동하는 것은 전적으로 그 주식에 대한 증권가의 평가가 달라졌기 때문이다.**

그러면 이 말이 실제로 어떻게 현실화하는지 사례를 통해 알아보자. 2년 전 G라는 회사는 그저 평범한 기업으로 여겨졌다. 이 회사의 주당 순이익은 1달러였고, 주가는 10달러였다. 주가수익비율이 10이었던 셈이다. 그런데 지난 2년 동안 G사가 속해 있는 업종의 다른 기업 대부분은 순이익이 줄어드는 추세를 보인 반면 G사는 정반대의 실적을 시현했다. G사는 새로운 히트 상품을 잇달아 내놓았고, 기존 제품들의 순이익률도 더 나아진 덕분에 지난해에는 1.40달러의 주당 순이익을 기록한 데 이어 올해에는 1.82달러의 주당 순이익을 냈다. 또 앞으로 몇 년간 G사의 주당 순이익은 더욱 늘어날 것이 확실시된다. G사가 최근에 거둔 놀라운 실적과 같은 업종의 다른 기업들이 올린 저조한 실적 간의 차이는 극명하다. 그러나 이런 차이를 낳게 된 G사 내부의 변화는 2년 전이 아니라 그 한참 전부터 이루어졌을 것이 분명하다. 그렇지 않았다면 잇단 히트 상품의 출시나 효율적인 기업 운영은 불가능했을 것이다. 그런데 G사에 대한 뒤늦은 평가, 즉 앞서 살펴본 보수적인 투자의 세 가지 영역이라는 측면에서 볼 때 이 회사가 얼마나 뛰어난가에 대한 재평가가 이루어짐으로써 G사의 주가수익 비율은 22로 높아졌다. G사와 비슷한 수준으로 평균 이상의 기업 특성을 지니고 있고, 성장 전망도 G사와 비슷한 기업과 비교할 때 이 같은 주가수익 비율은 그리 높은 게 아니다. 아무튼 올해 주당 순이익은 1.82달러였고, 주가수익 비율은 22가 됐으니 주가는 40달러라는 말이고, G사의 주가는 2년만에 네 배가 된 셈이다. 더욱 중요한 사실은 G사의 최고 경영진이 앞으로도 수 년간 지금까지 해왔던 것과 같은 수준의 성장을 이끌어갈 능력을 갖추고 있다는 점이다. 이 회사가 앞으로 10년 내지 20년 동안 이어갈 성장률은 낮춰 잡아도 15%에 이르고, 그렇게 되면 머지않아 이 회사의 순이익은 올해보다 수백 퍼센트 정도가 아니라 수천 퍼센트 늘어날 것임을 쉽게 예상할 수 있다.

이 같은 증권가의 "재평가" 문제는 주가수익 비율의 변덕스러움을 이해할 수 있는 열쇠다. 그러나 재평가가 결코 핵심적인 문제는 아니라는 점을 명심해야 한다. 실제로 기업에서 진행되고 있는 것과는 아무 상관도 없을 수 있다. 오히려 재평가를 하는 사람들이 지금 기업에서 진행되고 있다고 믿는 것의 결과라고 할 수 있다. 그것이 그런 판단을 내린 날의 실제 사실과 아무리 달라도 그렇다. 다른 말로 하자면 어떤 개별 기업의 주가도 특정한 시점에 실제로 해당 기업에서 일어난 변화 때문에 주가가 오르거나 내리지 않는다. 주가가 오르거나 내리는 것은 이 기업에서 무슨 일이 벌어지고 있으며 앞으로 무슨 일이 벌어질 것인가에 대해 증권가에서 내리는 현재의 합의에 따른 것이다. 이런 합의가 해당 기업에서 실제로 벌어지고 있거나 벌어질 상황과 전혀 동떨어진 것이라도 상관없다.

바로 이 점에서 사실과 실상을 중시하는 많은 개인 투자자들이 주식시장을 향해 믿을 수 없다며 손을 휘젓는 것이다. 만약 개별 기업의 주가가 급변동하는 것이 순전히 증권가의 평가가 달라졌기 때문이라면, 또 이런 재평가가 해당 기업에서 실제로 벌어지고 있는 상황과 완전히 동떨어진 것이라면 지금까지 설명한 보수적인 투자의 세 가지 영역은 무슨 의미가 있다는 말인가? 도대체 왜 경영 전문가가 필요하며, 과학 기술자와 회계 전문가는 무슨 필요가 있다는 말인가? 그저 심리학자를 찾아가면 충분하지 않은가?

그 대답은 타이밍에 있다. 어떤 기업에 대한 사실과 편차가 있는 증권가의 평가로 인해 그 기업의 주식은 상당한 기간 동안 내재가치보다 훨씬 높게, 혹은 훨씬 낮게 거래될 수 있다. 특히 많은 기관 투자가들은 "리더의 뒤를 쫓아" 행동하는 습관이 있다. 그 리더가 월스트리트의 대형 투자은행일 경우 더욱 그렇다. 어떤 주식에 대해 매우 비현실적인 평가가 이뤄져 현재까지 드러난 사실에 근거해서 볼 때 도저히 정당화할 수 없는 높은 수준에서 거래되고 있는데도, 상당히 오랫동안 이처럼 높은 주가가 유지되는 경우가 종종 연출되는 것도 바로 이런 이유 때문이다. 실제로 이미 엄청나게 높은 주가 수준인데 오히려 더 높이 치솟는 경우마저 드물지 않게 발견할 수 있다.

특정 주식에 대한 증권가의 평가와 주가에 영향을 미치는 요인들의 실제 상황 간의 엄청난 격차는 몇 년씩이나 주가에 영향을 미치기도 한다. 그러나 때로는 몇 달이 걸릴 수도 있고, 때로는 이보다 훨씬 오랜 시간이 걸릴 수도 있지만 거품은 반드시 꺼지게 마련이다. 어떤 기업의 주가가 비현실적인 기대로 인해 너무 높게 거래되고 있다면, 이 주식을 갖고 있는 주주들은 조만간 기대가 현실화하기를 기다리다 결국은 지쳐버릴 것이다. 아직도 시간이 한참 지나버린 비현실적인 기대를 붙잡은 채 이 회사의 주식을 추가로 매수하려는 수요자들도 있겠지만 실망한 주주들이 주식을 팔기 시작하면 곧 공급이 수요를 압도할 것이다. 그러면 주가는 급락하게 된다. 때로는 그 이후에 나오는 새로운 재평가는 상당히 현실적인 것일 수 있다. 그러나 이럴 때 나오는 재평가는 주가 급락에 따른 감정적인 압력을 반영하기 마련이어서 부정적인 측면을 너무 강조하게 된다. 그 결과 증권가의 새로운 재평가는 이제 실제 사실보다 비관적인 쪽으로 나오고, 한동안 이런 평가가 주가를 짓누르게 된다. 이제 앞서 증권가의 평가가 과도할 정도로 좋았을 때 벌어졌던 과정과 똑같은 일이 다시 반복해서 벌어진다. 다른 점이 있다면 그 방향이 거꾸로라는 것뿐이다. 과도하게 저평가된 이미지가 다시 과도하게 고평가된 이미지로 바뀌는 데는 몇 달 혹은 몇 년이 걸릴 수 있다. 그렇지만 순이익이 늘어나고 더 나은 실적이 발표되면 머지않아 이런 일이 벌어지게 된다.

과도하게 저평가됐던 주가가 다시 오르기 시작할 때 주식을 매도하지 않은 운 좋은 투자자들은 주식시장이 만들어낼 수 있는 리스크와 관련해 가장 큰 보상을 얻게 된다. 주당 순이익이 꾸준히 늘어나는 데 따른 상승 효과와 증권가의 재평가로 인해 주가수익 비율이 높아지는 데 따른 효과가 중첩되면서 그야말로 극적인 주가 상승이 이루어질 것이기 때문이다. 증권가에서 완전히 새로운 발견을 하게 됨으로써, 그러니까 이 회사의 펀더멘털에 대한 새로운 이미지는 과거에 가졌던 이미지에 비해 훨씬 더 높은 투자 가치를 갖고 있다는 판단을 내림으로써 주가수익 비율이 크게 올라가고, 이는 이 회사의 주당 순이익이 실제로 증가한 것보다 주가를 더 큰 폭으로 끌어올리는 요인이 된다. 앞서 살펴본 G사의 예가 바로 이런 경우였다.

  그러면 이제 보수적인 투자의 정도$_{degree}$, 다시 말해 투자에 따르는 기본적인 리스크에 관한 문제를 진지하게 다뤄볼 차례가 됐다. 리스크가 가장 작으면서 현명한 투자자에게 제일 적당한 투자 대상 기업은 어디일까? 지금까지 살펴본 세 가지 영역에서 매우 높은 점수를 얻었지만 증권가에서는 투자 가치가 낮은 것으로 평가하고 있는 기업이다. 이런 회사는 기본적인 펀더멘털 측면에서 확실하게 보장되는 것보다 낮은 주가수익 비율로 거래되고 있을 것이다. 그 다음으로 리스크가 작으면서 역시 현명한 투자자에게 적당한 투자 대상 기업은 마찬가지로 세 가지 영역에서 상당히 높은 점수를 얻었지만 기본적인 펀더멘털을 감안할 때 합리적인 주가수익 비율로 거래되고 있는 기업이다. 이런 기업은 제대로 평가했다면 앞으로 계속해서 성장할 것이기 때문에 리스크가 작으면서도 적절한 투자 대상이 될 수 있는 것이다. 그 다음으로 리스크가 작은 투자 대상 기업은 세 가지 영역에서 매우 높은 점수를 받았지만 이미 이 같은 강점이 증권가에 널리 알려진 상태여서 이 회사의 강력한 펀더멘털을 감안해도 주가수익 비율이 이미 높게 평가되고 있는 기업이다. 보수적인 투자자라면 이런 기업의 주식을 이미 보유하고 있을 경우 계속 보유하는 게 좋지만 추가로 매수하기에는 다소 부담이 될 수도 있다는 게 내 생각이다.

어쨌든 이런 주식은 비록 주가가 높아 보인다 해도 대부분의 경우 보유해야만 하는 중요한 이유가 있다. 기업의 펀더멘털이 정말로 아주 강력하다면 이런 기업은 시간이 지날수록 순이익이 증가할 것이고, 그러면 현재의 주가 수준은 물론 앞으로의 상당한 주가 상승까지 정당화해줄 것이기 때문이다. 더구나 앞서 설명한 세 가지 영역에서 모두 높은 점수를 받은 진짜 매력적인 기업의 숫자는 매우 적다. 이런 기업이 저평가되는 경우는 더욱 드물다. 이런 주식을 보유한 개인 투자자가 판단을 잘못해 세 가지 영역을 모두 만족시키는 것처럼 보이지만 실제로는 그렇지 않은 기업의 주식으로 교체 매매할 가능성은 얼마든지 있다. 이에 따르는 리스크는 비록 현재 주가는 고평가됐지만 워낙 펀더멘털이 강력해 기업의 진정한 가치가 결국 현재 주가만큼 상승할 때까지 그대로 보유할 경우 감수해야 하는 일시적인 리스크보다 훨씬 크다. 나의 이 같은 의견에 동의하는 투자자라면 일시적으로 고평가된 기업의 주가가 혹시 급락하더라도 이를 감수할 수 있어야 한다. 이와는 반대로 이런 주식을 팔고 주가가 떨어지면 적당한 시점에 재매수하겠다는 생각을 갖고 있는 투자자들은 내가 지금까지 관찰한 바로는 절대로 이런 주식을 다시 사지 못한다. 이런 투자자들은 대개 주가가 떨어지면 더 큰 폭으로 떨어지기를 기다린다. 결국 몇 년이 지나 펀더멘털이 강력한 이런 기업의 주가가 자신이 매도한 가격보다 훨씬 높은 수준까지 올라가버리면 뒤늦게 천재일우千載一遇의 기회를 놓쳤다는 사실을 깨닫는다. 어쩌면 이들은 그때쯤 내재가치가 훨씬 떨어지는 다른 주식을 보유하고 있을지도 모른다.

그 다음 단계로 리스크가 높은 주식을 살펴보자. 보수적인 투자의 세 가지 영역에서 평균 수준, 혹은 약간 낮은 점수를 받은 기업으로서, 펀더멘털은 그리 매력적이지 않지만 증권가에서는 이보다 더 낮거나 그 정도 수준으로 평가하고 있는 주식이다. 기본적인 펀더멘털이 평균 수준 이하인데 이런 펀더멘털이 보장해주는 가치보다도 더 낮은 평가를 받고 있는 주식은 투기의 대상으로는 괜찮을지 모르지만 신중한 투자자에게는 적당하지 않다. 요즘처럼 변화의 속도가 빠른 세상에서는 이런 주식에 심각한 타격을 안겨줄 위험 요인들이 너무나 많기 때문이다.

마지막으로 리스크가 가장 큰 주식을 논의해야 할 때가 됐다. 지금 현재의 모든 상황을 종합해도 도저히 정당화할 수 없을 정도로 증권가에서 과도하게 평가하고 있거나 낙관적인 이미지를 갖고 있는 기업의 주식이다. 이런 주식을 매수한다면 치명적인 손실을 입을 수 있다. 이런 주식은 순식간에 매물이 쏟아질 수 있고 주식시장 전체에도 악영향을 미칠 수 있다. 만약 장밋빛 미래가 약속된 것처럼 보이는 기업에 대해 증권가에서 얼마나 좋은 평가를 내렸는지, 그리고 결국 드러나게 된 이런 기업의 펀더멘털은 실제로 어떠했는지 사례를 통해 자세히 살펴보고 싶다면 월스트리트의 내로라하는 대형 증권사 자료실에 쌓여있는 수많은 리포트들을 한 번만 들춰보라. 이런 주식을 매수하라고 추천한 증권회사의 리포트를 읽어보면 참으로 놀라운 느낌이 들 것이다. 리포트에서 제시한 전망과 실제로 벌어진 상황을 비교해보라. 이미 과도하게 고평가된 이런 주식을 증권회사의 리포트에서 장밋빛 전망과 함께 매수 추천했던 사례를 몇 가지만 들어보겠다. 메모렉스 최고가 173.875달러에서 매수 추천, 암펙스 최고가 49.875달러에서 매수 추천, 레비츠 퍼니처 최고가 60.5달러에서 매수 추천, 모호크 데이터 사이언스 최고가 111달러에서 매수 추천, 리튼 인더스트리즈 최고가 101.75달러에서 매수 추천, 칼바 최고가 176.5달러에서 매수 추천.

이런 리스트는 지금도 계속되고 있고 앞으로도 이어질 것이다. 하지만 이 같은 사례가 우리에게 알려주는 교훈은 한결같다. 어느 기업에 대한 증권가의 현재 평가와 그 회사의 실제 펀더멘털에 어떤 차이가 있는지 신중하게 살펴보는 습관이 얼마나 중요한지는 이제 충분히 이해했을 것이다. 한 걸음 더 나아가 증권가의 평가가 어떤 속성을 갖는지에 대해서도 시간을 두고 연구한다면 도움이 될 것이다. 그러나 우선 오해로 인한 위험을 피하기 위해 앞서 모든 주식의 결정적인 주가 움직임을 지배하는 법칙이라고 소개한 문장에서 두 가지 표현에 대한 정확한 의미를 구별하는 게 좋을 것 같다. **어떤 개별 종목의 주가가 전체 주식시장의 움직임과 비교해 현저할 정도로 변동하는 것은 전적으로 그 주식에 대한 증권가의 평가가 달라졌기 때문이다.**

여기서 "**현저할 정도로 변동한다**"는 말은 단순히 주가가 "변동한다"는 말과는 다른 의미로 쓰였다. 그리 중요하지 않은 작은 주가 변동은 제외한다는 말이다. 가령 어느 기업의 주식을 2만 주 갖고 있는 투자자가 급히 돈이 필요해 이 주식을 팔기로 했다. 그런데 매매기법이 서툴러 한꺼번에 매물로 쏟아냈고, 이 바람에 주가가 갑자기 1~2달러 떨어졌다. 하지만 이렇게 떨어진 주가는 대개 매물이 다 소화되면 다시 원상태로 돌아간다. 마찬가지로 때로는 기관 투자가 한 곳에서 어떤 종목을 시험적으로 아주 적은 물량을 매수해보는 경우도 있다. 이럴 때도 가끔은 주가가 일시적으로 오르지만 기관 투자가의 시험 매수가 끝나면 다시 원래대로 회귀한다. 어느 기업에 대한 증권가 전체의 평가가 근본적으로 변화하지 않는 한 이 같은 주가 변동은 주가의 장기적인 흐름에 별다른 영향을 미치지 못한다. 이런 작은 주가 변동은 대개 일시적인 매수자나 매도자와 함께 사라진다.

여기서 "**증권가**"라는 말은 잠재적으로 어떤 기업의 주식을 어느 정도 수준의 가격으로 매수하거나 매도할 준비가 돼 있으며, 그럴

만한 능력과 의사가 있는 모든 사람을 포함한다. 여기서 명심해야 할 사실이 있다. 주가에 미치는 영향력이라는 측면에서 잠재적인 매수자와 매도자의 중요성은 이들 각자가 행사할 수 있는 매수 능력과 매도 능력에 따라 평가된다는 점이다.

5

네 번째 영역에 대한 부연: 증권가의 세 가지 평가

지금까지는 어떤 주식에 대한 증권가의 평가를 설명하면서 논의의 초점을 특정 기업 그 자체에 맞추었다. 증권가의 평가란 특정 기업의 주가를 결정짓는 데 영향을 미치는 요인이라는 정도였다. 하지만 이런 설명은 너무 단순화한 것이다. 실제로 주가에 영향을 미치는 증권가의 평가는 세 가지 독립된 평가가 한데 섞여서 작용한다. 현재 주식시장 전체가 얼마나 매력적인가에 대한 증권가의 평가, 특정 기업이 속해 있는 업종이나 산업에 대한 증권가의 평가, 마지막으로 특정 기업 그 자체에 대한 증권가의 평가가 그것이다.

그러면 우선 특정 기업이 속해 있는 산업에 대한 증권가의 평가 문제부터 살펴보자. 어떤 산업이 한창 발전해가는 초기 단계에서는 무궁무진한 것처럼 보였던 시장이 한참 뒤 신기술의 출현으로 인해 위협을 받게 되면 증권가의 주가수익 비율도 장기적으로 상당히 큰 폭으로 떨어진다는 사실은 누구나 알고 있을 것이다. 가령 전자 산업의 초기 발전 단계에는 당시 모든 전자제품의 가장 기본적인 부품으로 쓰였던 진공관 생산업체들의 주가수익 비율이 매우 높았다. 그러나 반도체의 개발과 함께 진공관 시장이 줄어들기 시작하자 이들 기업의 주가수익 비율은 급격하게 떨어졌다. 마그네틱 메모리 소자를 생산하는 기업들의 주가수익 비율 역시 이와 똑같은 이유로 최근 크게 낮아졌다. 이런 현상은 너무나 명백하고 충분히 이해할 만하다. 그러나 제대로 이해하기 어렵고 분명하게 구분되지도 않는 것은 증권가에서 어떤 산업에 대해 갖고 있는 이미지가 어떻게 해서 좋아졌다가 나빠졌다가 하느냐는 점이다. 이것은 외부로부터의 엄청난 영향력이 어느 산업에 작용했기 때문만이 아니라 특정 시점에 증권가에서 어떤 산업을 둘러싼 환경적 요인을 다른 산업의 환경적 요인보다 더욱 두드러지게 강조하기 때문이다. 이 같은 환경적 요인은 상당 기간 동안 지속됐을 수 있고, 또 앞으로도 계속 이어질 수 있다.

화학 산업을 예로 들어 설명하면 쉽게 이해될 것이다. 대공황의 수렁에 깊이 빠져있던 1930년대 중반부터 1950년대 중반까지 미국의 대형 화학 기업들의 주가는 다른 업종 주식에 비해 아주 높은 주가수익 비율로 거래됐다. 당시 증권가에서 화학 기업들에 대해 어떻게 생각했는지는 컨베이어 벨트가 끊임없이 돌아가는 장면을 떠올리면 될 것이다. 컨베이어 벨트의 한쪽 끝에는 시험 공장에서 획기적인 새로운 화합물을 만들고 있는 과학자들이 있다. 어지간해서는 모방할 수 없고 신비롭기까지 한 신물질이 시험 공장에서 나오면 또 다른 컨베이어 벨트의 끝에서 아주 다양하고 멋진 신제품들이 생산된다. 나일론, 합성고무, DDT, 속성 건조 페인트를 비롯해 무한정 쏟아져 나오는 새로운 제품은 화학 기업들에게 막대한 부와 성공을 가져다 줄 원천으로 보이기에 충분하다. 그러다 1960년대가 되자 화학 기업들에 대한 이미지가 바뀌었다. 증권가에서는 화학 산업도 철강이나 시멘트, 제지 산업과 다를 바 없다는 결론을 내렸다. 화학 기업들 역시 특화된 기술로 제품을 대량 생산하며, 이 회사의 화학 제품이나 저 회사의 화학 제품이나 비슷하다는 것이다. 초기 시설 투자에 천문학적인 금액이 들어가는 산업은 투자비 회수를 위해 공장가동률이 절대적으로 높아야 한다. 이로 인해 공급 과잉에 따른 치열한 가격 경쟁과 순이익률의 급격한 위축이 야기되기도 한다. 어쨌든 화학 산업에 대한 증권가의 이미지가 변함으로써 1970년대 초반까지 주요 화학 기업들의 주가수익 비율은 크게 떨어졌다. 이전 시기에 여타 업종의 주식보다 주가수익 비율이 훨씬 높았던 양상과는 완전히 달라진 것이다. 그래도 화학 업종의 전반적인 주가수익 비율은 대부분의 업종에 비해서는 여전히 높았지만 철강이나 시멘트, 제지 업종과 거의 비숫한 수준까지 내려왔다.

그런데 여기서 정말로 놀라운 사실은 1960년대에 화학 산업의 펀더멘털 환경은 거의 아무런 변화도 없었다는 점이다. 물론 한 가지 중요한 예외가 있었지만 아무튼 그 이전 30년간에 비해 화학 산업을 둘러싼 환경적 요인이 크게 변하지는 않았다. 중요한 예외라고 지적할 수 있는 상황은 1960년대 후반 대부분의 합성섬유 제조업체들이 어려움을 겪었던 것처럼 일부에서 공급 과잉으로 심각한 몸살을 앓았다는 점이다. 이로 인해 화학 기업으로는 선도적인 업체였던 듀폰과 같은 업체들의 순이익이 일시적으로 큰 타격을 입기도 했다. 그러나 증권가에서 화학 산업에 대한 평가를 극단적으로 변화시켜야 했을 정도로 화학 산업의 기본적인 특성이 변한 것은 아니었다. 화학 제품 제조업체들은 과거에도 자본 집약적이었다. 화학 제품 대부분은 특화된 기술에 따라 생산되기 때문에 기반을 두고 있는 기술이 같으면 회사마다 제품이 거의 동일하고, 따라서 제품 판매가격을 다른 회사보다 올릴 수 없는 것은 늘 그래왔던 일이다. 오히려 1960년대와 1970년대에 화학 산업은 끊임없이 신시장을 개척해갔다. 비약적으로 품질을 개선한 새로운 살충제와 고기능 섬유, 신종 포장용기 등 이루 헤아릴 수 없는 수많은 신제품들이 이 시기에 개발됐다. 화학 산업이 만들어내는 기회는 끝이 안 보일 정도였다. 인간의 두뇌는 분자구조를 재조합해 자연이 창조해내지 못한 제품을 만들어냈고, 이들 제품은 이전까지 천연재료를 사용했던 것보다 훨씬 더 저렴하면서도 편리하다는 특별한 이점을 내세워 소비자들을 만족시켜갔다.

마지막으로 지적해야 할 것은 화학 산업에 대한 평가가 아주 좋았던 시기나 최근처럼 형편없어진 시기나 여전히 동일하게 유지되고 있는 또 다른 요소가 있다는 사실이다. 개발된 지 오래된, 대량으로 생산되고 있는 화학 제품들은 대개 소금이나 탄화수소 같은 분자구조를 갖춘 물질을 기본적인 재료로 사용해 "1차" 가공과정을 거쳐 적당한 물질로 만드는 것이다. 따라서 이 같은 제품은 전문화된 업체들이 제조할 수밖에 없고, 불가피하게 판매가격에 상당히 민감한 편이다. 그럼에도 불구하고 주도면밀한 기업들은 늘 이렇게 1차 가공한 제품들을 더욱 복잡하고 가격도 비싼 제품으로 재가공하는 기회를 찾아왔고, 지금도 그렇게 하고 있다. 이렇게 재가공한 제품은 적어도 한동안은 훨씬 높은 수익성을 가져다 주고, 가격 경쟁의 위협으로부터도 벗어날 수 있게 해준다. 이런 제품도 결국 가격 경쟁에 휘말리게 되면 주도면밀한 기업들은 제품 생산 라인의 순이익률을 더욱 높일 수 있도록 다시 새로운 제품을 발굴하고, 이런 과정이 꾸준히 이어지는 것이다.

다시 말하지만 화학 기업의 주식이 시장에서 유망주로 평가받을 당시 증권가에서 가졌던 모든 긍정적인 요인들은 화학 산업에 대한 증권가의 평가가 싸늘하게 얼어붙은 이후에도 여전히 계속됐다. 게다가 1960년대에 전면으로 부상한 부정적인 요인들 역시 앞선 시기에도 존재했지만 그 시기에는 증권가에서 거의 무시해 버렸다. 두 시기 사이에 바뀐 것은 사실들이 아니라 무엇을 강조하는가 하는 점이었다.

그러나 사실도 역시 바뀔 수 있다. 1973년 중반 무렵부터 화학주들은 다시 증권가로부터 호평을 받기 시작했다. 화학 산업에 대한 새로운 시각이 우세해졌기 때문이다. 이 시기에 주요 선진국들은 20세기 들어 사실상 처음으로(두 차례의 세계대전 시기는 제외하고) 물자 부족 사태를 경험해야 했는데, 이로 인해 화학 산업의 신규시설 투자는 극히 미미한 수준이었다. 이는 곧 치열한 가격 경쟁이 당분간 재연되지 않을 것이라는 의미였다. 이 같은 새로운 이미지가 투자자들을 화학주로 끌어당겼다. 이제 투자자들에게 남은 문제는 과연 화학 산업을 둘러싼 여러 사실들이 새로운 이미지를 확실하게 보장할 것인지 여부를 판단하는 것이다. 투자자들은 또 최근 들어 전체 주식시장에 비해 화학주가 좀더 상승했다 해도 새로운 제반 여건들이 보장해주는 수준과 비교할 때 아직 상승할 여지가 있는지 여부도 결정해야 한다.

주식시장의 역사를 돌아보면 어떤 산업의 펀더멘털은 전혀 변하지 않고 그대로 있는데도 불구하고 증권가에서 그 산업을 둘러싼 상황에 대한 평가를 완전히 달리함으로써 주가수익 비율이 급변한 사례들을 수없이 발견할 수 있다. 1969년의 경우 컴퓨터 주변기기를 생산하는 기업은 주식시장에서 가장 선호하는 대상이었다. 이들 업체는 메인프레임과 같은 중앙 컴퓨터 시스템을 쓰는 사용자들의 업무 효율성을 높여줄 수 있는 은갖 특별한 기기들을 만들어냈다. 고속 프린터와 외부 메모리 장치, 그리고 컴퓨터에 데

이터를 입력할 때 번거로운 키펀치 작업을 대체할 수 있는 키보드 기기 등이 이들 업체가 생산하는 주요 제품들이었다. 당시 증권가에 널리 퍼졌던 이들 회사의 이미지는 무궁무진한 미래가 보장된 기업이라는 것이었다. 중앙 컴퓨터 그 자체는 기술적으로 이미 성숙 단계에 와있었고, 시장 역시 소수의 강력한 대기업들이 지배하고 있는 반면 주변 기기 분야에서는 독립적으로 운영되는 중소업체들이 대기업과 충분히 경쟁할 수 있다는 시각이었다. 최근 들어서야 비로소 컴퓨터 주변기기는 대개 제품을 판매하기 보다는 고객에게 리스를 해준다는 점에서 이들 중소업체의 재무적인 취약성이 부각되기 시작했다. 더구나 메인프레임을 생산하는 대기업들이 기본적으로 자사 제품에 주변기기를 "장착"하는 추세여서 이들과의 경쟁도 매우 심각하다는 사실에 눈을 뜨게 됐다. 그렇다면 과연 이것은 펀더멘털이 변한 것인가, 아니면 단지 펀더멘털에 대한 평가가 변한 것인가?

증권가의 평가가 극단적으로 바뀐 대표적인 사례는 프랜차이즈 산업과 프랜차이즈 기업 주식의 펀더멘털에 대한 시각이 1969년과 1972년 사이에 하늘과 땅 차이로 급변한 것을 들 수 있다. 컴퓨터 주변기기 생산업체들의 경우에서와 마찬가지로 프랜차이즈 기업이 갖고 있는 문제점들 역시 전부가 이들 기업의 주가수익 비율이 매우 높았을 때부터 내재하고 있는 것이었다. 단지 이 시기에는 프랜차이즈 산업이 끊임없이 성장해나가는 업종이라는 이미지가 워낙 널리 퍼져있었고, 일시적이나마 실적도 좋았기 때문에 이런 문제점들을 무시했던 것이다.

증권가에서 널리 받아들여지고 있는 특정 산업에 대한 이미지와 관련해 투자자들이 직면하는 문제는 언제나 똑같다. 현재 증권가의 전반적인 평가는 그 산업을 둘러싼 기본적인 경제적 사실들이 보장하는 것에 비해 더 긍정적인가, 더 부정적인가, 아니면 거의 일치하는가? 이런 물음은 때로 신중하면서도 전문적인 투자기관들조차 풀기 어려운 난제로 다가온다. 1958년 12월에 스미스 바니가 이런 문제에 부딪쳤다. 전통적으로 매우 보수적인 투자은행으로 알려져 있는 스미스 바니는 지금 생각해보면 그리 특별할 것도 없지만 당시로서는 매우 이례적인 시도로 보이는 새로운 사업에 첫 발을 내딛었다. A.C. 닐슨의 기업 공개를 주선한 것이었다. 시장조사 기관인 A.C. 닐슨은 공장도 없고, 형체를 갖춘 제품도 없고, 따라서 재고도 있을 수 없다. 이 회사는 고객들에게 시장조사 정보를 공급하고 그에 따른 수수료를 받는 "서비스 사업"을 영위할 뿐이었다. 1958년까지도 전통적으로 서비스 사업을 하는 업종의 대표격이었던 은행과 보험회사 주식은 보수적인 투자의 성격에 잘 맞는 투자 대상으로 시장에서 받아들여졌다. 그런데 A.C. 닐슨은 이런 업종과 결코 비교할 수 없었다. 은행이나 보험회사의 장부가치는 현금과 투자자산, 대여금 등으로 구성돼 있기 때문에 은행주나 보험주를 매수한 투자자들은 믿을만한 가장 확실한 자산가치를 갖고 있는 셈이었다. 반면 스미스 바니가 새로 주식시장에 상장하려고 하는 A.C. 닐슨이라는 서비스 회사는 이런 자산가치를 갖고 있지 않았다. 그러나 A.C. 닐슨의 현황을 잘 들여다보면 보기 드물 정도로 훌륭한 펀더멘털이 숨어있다는 사실을 발견할 수 있었다. 이 회사의 최고 경영진은 정직하고 능력이 뛰어났으며, 매우 강력한 경쟁력을 바탕으로 향후 상당한 기간 동안 성장을 이끌어갈 것이 분명해 보였다. 하지만 주식시장에는 처음으로 선보이는 이런 종류의 서비스 기업에 증권가가 어떻게 반응할 것인지 확인하기 전까지는 대부분의 투자자들이 주식 매수를 주저했다. 적당한 가치 평가 기준이 없다는 데서 비롯된 투자자들의 두려움이 사라지고, 그 결과 이런 회사의 투자 가치가 실제 주식시장에서 제대로 평가받는 데는 얼마나 오랜 세월이 경과해야 할까? 지금 돌아보면 우습게 느껴질지도 모르겠다. 그러나 A.C. 닐슨 같은 회사가 결국 증권가로부터 높은 평가를 받고 주가수익 비율도 급상승하기까지는 몇 년의 세월이 흘러야 했다. 만약 누군가가 운 좋게도 이 회사의 펀더멘털을 제대로 인식해 제때 주식을 매수했다면 어느 순간 다른 사람들이 모두 두렵게 느끼는 상황에서 갑자기 자신의 매수 결정을 지지해주는 상황으로 급반전하는 것을 경험할 수 있었을 것이다. 서비스 회사에 대한 개념은 투자자들에게 생소한 완전히 새로운 개념이었기 때문이다. 실제로 불과 몇 년 만에 서비스 기업을 바라보는 시각이 180도 바뀌었다. A.C. 닐슨의 순이익이 계속 증가하자 월스트리트에 그 전까지 없던 개념이 부각되기 시작했다. 그러자 경제적인 펀더멘털은 A.C. 닐슨과 전혀 다른 회사면서도 제품이 아니라 서비스를 제공하는 수많은 기업들이 매력적인 서비스 업종이라는 후광을 등에 업고 화려한 이미지로 증권가에 쏟아져 나왔다. 이런 주식들 가운데 일부는 실제 펀더멘털보다 훨씬 높은 주가수익 비율로 거래됐다. 하지만 늘 그렇듯 시간이 흐르면 펀더멘털이 말해준다. 제대로 된 서비스 기업도 아니면서 허황한 이미지로 치장한 채 주식시장에 쏟아져 나온 일단의 기업들은 결국 모두 사라졌다.

이 점은 절대로 잊지 말아야 한다. **보수적인 투자자는 자신이 관심을 갖고 있는 어떤 업종이나 산업에 대해 현재 증권가에서 내리고 있는 평가의 본질이 무엇인지 분명히 인식하고 있어야 한다.** 보수적인 투자자는 이런 평가가 해당 산업의 펀더멘털이 보장하는 것에 비해 더 긍정적인지, 혹은 더 부정적인지를 판단하기 위해 끊임없이 조사해야 한다. 이 점을 분명히 짚어본 다음에야 비로소 어떤 산업에 속해 있는 기업의 장기적인 주가 흐름을 지배하는 세 가지 변수 가운데 하나를 확실히 이해할 수 있을 것이다.

6

네 번째 영역에 대한 추가 부연:
주가와 펀더멘털

어느 기업의 본질적인 특성에 대한 증권가의 평가는 그 기업의 주가수익 비율을 결정짓는 데 있어서 그 기업이 속해 있는 산업이나 업종에 대한 평가보다 훨씬 중요하다. 개별 기업의 투자 매력도를 가늠하는 가장 훌륭한 판단 근거는 앞서 설명한 보수적인 투자의 세 가지 영역에서 제시했다. 일반적으로 어떤 주식에 대한 증권가의 평가가 이런 세 가지 기준에 근접할수록 그 주식의 주가수익 비율은 더 높을 것이다. 반면 세 가지 기준에 미치지 못하는 정도가 클수록 주가수익 비율도 더 낮을 것이다. 그런 점에서 투자자들은 어떤 주식이 정말로 저평가됐고, 혹은 고평가됐는지 결정하기 위해서는 해당 기업을 둘러싼 제반 사실들이 현재 증권가에서 그 회사에 대해 그려내고 있는 이미지에 비해 주목할 정도로 더 좋은지, 혹은 더 나쁜지 신중하게 판단해야 한다.

두 종목 이상의 주식을 놓고 상대적인 투자 매력도를 결정할 때 투자자들은 종종 이 문제를 수학적으로 너무 단순하게 접근함으로써 혼란에 빠지곤 한다. 예를 들어보자. 가령 두 회사를 비교하는데, 이들 회사를 자세히 조사해보니 두 회사 모두 순이익이 매년 10%씩 성장하기에 충분한 것으로 파악됐다. 그런데 한 회사는 10의 주가수익 비율로 거래되고 있고, 다른 회사는 주가수익 비율이 20이다. 그렇다면 10의 주가수익 비율로 거래되는 주식이 더 싸게 보일 것이다. 실제로는 그럴 수도 있고 아닐 수도 있다. 주가수익 비율이 차이가 나는 데는 다른 수많은 이유가 있을 수 있기 때문이다. 언뜻 보기에 주가가 더 낮아 보이는 회사는 주가수익 비율이 높은 회사에 비해 부채 비율이 더 높거나 우선주를 대규모로 발행한 상태일 수 있다. 이런 기업은 보통주 주주 입장에서 볼 때 향후 순이익 성장률이 낮아질 수 있는 위험이 상대적으로 훨씬 크다. 또한 순전히 사업적인 측면에서 살펴보면 두 주식의 향후 순이익 성장률은 상당히 신뢰할 수 있는 추정치일 수 있지만 그래도 예기치 못한 일이 벌어져 순이익 성장률이 흔들릴 가능성이 한 회사가 다른 회사보다 더 높을 수 있다.

이보다 훨씬 더 중요하면서도 투자자들이 제대로 이해하지 못해 잘못된 판단을 내리게 되는 이유는 성장률 전망이 상이한 종목을 단순히 주가수익 비율만으로 비교하는 우를 범하기 때문이다. 두 종목을 예로 들어 알기 쉽게 설명해보겠다. 이들 주식은 순이익 성장률 전망이 똑같이 매우 강력하고, 앞으로 4년 후에는 순이익이 두 배로 늘어날 것으로 예상된다. 이들 주식의 주가수익 비율은 두 종목 모두 20으로 같다. 반면 이들과 같은 업종에 속해 있는 종목들로 재무상태는 양호하지만 장래에 순이익이 전혀 성장할 것 같지 않은 주식은 주가수익 비율이 10이다. 그리고 4년 뒤 이들 주식의 주가수익 비율이 그대로 유지됐다고 해보자. 다시 말해 재무상태는 양호하지만 순이익이 지금보다 전혀 성장하지 않은 주식들은 4년 후에도 여전히 주가수익 비율 10으로 거래된다고 하자. 마찬가지로 앞서 4년 뒤에 순이익이 두 배로 늘어날 것으로 전망됐던 두 종목 가운데 하나는 증권가에서 예상했던 대로 순이익이 두 배로 증가했고, 또다시 4년 뒤에는 순이익이 두 배로 늘어날 것으로 전망되고 있다. 이 말은 이 주식의 순이익이 두 배로 늘어났으며, 주가수익 비율도 여전히 20으로 거래된다는 것을 의미한다. 즉, 이 주식은 4년 전에 비해 주가가 2배로 상승했을 것이다. 반면 앞서 4년 뒤에 순이익이 두 배로 늘어날 것으로 전망됐던 두 종목 가운데 나머지 한 종목은 예상했던 대로 순이익이 두 배가 됐으나 이제 순이익 성장세가 멈췄다는 게 증권가의 현재 평가다. 결국 이 회사는 같은 업종의 재무상태는 양호하지만 장래에 순이익이 전혀 성장할 것 같지 않은 종목과 마찬가지로 4년 뒤에도 순이익이 지금 수준일 것이라는 말이다. 이 회사의 주식을 보유한 투자자들은 비록 4년 전에 예상했던 대로 순이익이 정확히 두 배로 늘어났지만 시장의 반응에 실망해야 했을 것이다. "향후 4년간 순이익이 전혀 성장할 것 같지 않은 주식"이라는 이미지로 인해 이제 이 종목의 주가수익 비율은 10으로 거래될 것이기 때문이다. 다시 말해 이 주식의 순이익은 4년 전에 비해 두 배로 늘어났지만 주가는 4년 전 수준 그대로인 것이다. 이런 모든 상황은 단 하나의 기본적인 투자 원칙으로 요약할 수 있다. 미래의 순이익이 더 큰 폭으로 성장하면 할수록 투자자가 지불하고자 하는 주가수익 비율도 더 높아진다.

그러나 이 원칙을 적용할 때는 매우 조심해야 한다. 시장에서 나타나는 주가수익 비율의 변동은 실제로 벌어지는 현상이 아니라 증권가에서 현재 믿고 있는 것이 무엇인가에 따라 결정된다는 사실을 잊어서는 안 된다. 주식시장 전반에 낙관적인 분위기가 퍼져있을 때에는 주가수익 비율이 상당히 높을 수 있다. 향후 몇 년간 예상되는 순이익의 급성장세를 증권가에서 아주 높게, 하지만 매우 정확하게 반영할 것이기 때문이다. 그러나 이런 성장세가 실제로 충분히 현실화하기 위해서는 몇 년의 세월이 흘러야만 한다. 또 순이익의 급성장세가 주가수익 비율에 올바르게 반영되다가도 일시적으로 주식시장 전체가 후퇴할 때는 제대로 반영되지 않는 경우도 있다. 이런 경우는 최고의 기업에서도 자주 일어난다. 반대로 주식시장 전반에 비관적인 시각이 우세할 때는 아주 훌륭한 투자 대상 기업인데도 순이익의 급성장세가 전혀 반영되지 않는다. 이런 상황이 연출되면 현재 시장이 갖고 있는 이미지와 실제 사실들 간의 차이를 구별할 줄 아는 참을성 있는 투자자들이 돈을 번다. 투자자에게 이런 시기야말로 리스크는 비교적 작으면서 장기적인 투자 수익은 큰 아주 근사한 기회가 될 수 있다.

어느 기업에 대한 증권가의 평가가 어떻게 변할 것인지 미리 잘 헤아리고 있는 투자자에게 무슨 일이 벌어질 수 있는지 극명하게 보여주는 사례를 보자. 1973년 3월 13일에 있었던 일이다. 뉴욕증권거래소에 상장된 모토로라 주식은 그 전날 48.625달러에 거래를 마쳤다. 그런데 3월 13일의 종가는 전날보다 무려 25%가까이 오른 60달러였다! 3월 12일 주식시장 거래가 끝난 뒤 모토로라는 텔레비전 사업에서 손을 떼고 미국 내 텔레비전 제조공장과 재고를 일본의 대형 전자 업체인 마쓰시다에게 장부가 수준으로 매각한다고 발표했다.

사실 모토로라의 텔레비전 사업부문은 크지는 않지만 영업손실을 내고 있었고, 따라서 다른 사업부문의 순이익을 까먹고 있다는 것은 이미 널리 알려져 있었다. 그런 점에서 텔레비전 사업부문의 매각 소식은 하루에 25%나 급등하는 정도는 아니더라도 주가를 끌어올릴 수 있는 요인이었다. 그런데 이날 매수가 집중되며 주가를 끌어올린 이면에는 이보다 좀더 복잡하지만 중요한 요인이 있었다. 통신 사업부문을 비롯해 모토로라의 수익성 높은 사업부문은 이 회사를 미국 최고의 전자제품 제조업체 가운데 하나이자 아주 뛰어난 투자 대상 기업으로 자리매김하는 데 충분한 자격을 갖추고 있다는 점을 많은 투자자들은 이미 염두에 두고 있었다. 한 예로 월스트리트의 증권회사 스펜서 트레스크의 애널리스트인 오티스 브래들리가 모토로라의 통신 사업부문이 얼마나 매력적인 투자 대상인가를 상세하게 분석한 보고서를 보자. 이 보고서에서는 모토로라의 전체 사업부문이 아니라 통신 사업부문의 현재 주가수익 비율과 미래 추정치를 계산해내는 독특한 방식을 사용했다. 브래들리는 이 보고서에서 통신 사업부문의 매출액과 주가수익 비율 추정치를 증권가에서 전자 업체로는 돋보이는 투자 대상 기업으로 평가하고 있는 휴렛 팩커드와 퍼킨 엘머의 실적 추정치와 비교했다. 보고서의 결론은 별도로 서술되지 않았지만 쉽게 추론할 수 있다. 모토로라의 통신 사업부문이 갖고 있는 투자 가치는 그 자체만으로도 현재의 모토로라 주가 수준과 맞먹는다. 따라서 이 회사 주식을 매수하는 투자자는 나머지 사업부문은 공짜로 얻는 셈이다.

모토로라에 대한 이 같은 의견은 주도면밀한 전문 투자자들 사이에 이미 알려진 것이었다. 그렇다면 마쓰시다로의 텔레비전 사업부문 매각 소식에 갑자기 주가가 오른 이유는 무엇일까? 이날 모토로라 주식을 한꺼번에 매수한 투자자들은 증권가에서 이 주식을 부정적으로 바라보는 이유가 다름아닌 텔레비전 사업부문의 이미지 때문이라는 사실을 오래 전부터 알고 있었다. 증권가에서는 대부분 "모토로라"라고 하면 우선 텔레비전을 떠올렸고 그 다음이 반도체였다. 미국 내 기업들의 주요 사업 영역을 간략하게 설명하고 있는 스탠다드 앤 푸어스S&P의 주식 가이드는 모토로라의 텔레비전 사업부문 매각 시점에 이 회사를 "라디오 및 텔레비전 생산업체: 반도체 제조업체"라고 소개해두었다. S&P의 주식 가이드가 완전히 틀린 것은 아니지만 오해할 여지는 충분히 있다. 사실 모토로라는 여러 측면에서 이미 이와는 다른 종류의 회사가 됐기 때문이다. 실제로 이런 설명은 모토로라의 가장 중요한 사업부문이자 당시 순이익의 절반 가까이를 차지하고 있던 통신 사업부문을 아예 무시한 것이었다.

마쓰시다로의 텔레비전 사업부문 매각 소식에 매수세가 몰리게 된 이유는 물론 이 뉴스가 좋은 것이고, 따라서 주가도 오를 것이라는 기대 때문이었다. 그러나 엄청난 매수 주문이 쏟아지며 주가가 급등한 이유는 그동안 모토로라에 대한 증권가의 평가가 실제 사실들보다 상당히 부정적으로 이루어졌기 때문이다. 당시 텔레비전 업계에서는 전자제품 시장의 선두주자였던 제니스와 마찬가지로 모토로라 역시 텔레비전을 "또 하나의 제품" 정도로 생산하고 있다고 간주했다. 이런 찬밥 신세였던 텔레비전 사업부문이 투자자들의 시야에서 사라져버림으로써 모토로라에 대한 새로운 이미지와 함께 주가수익 비율도 단번에 높아진 것이다.

그렇다면 이날 모토로라 주식을 전날보다 훨씬 높은 가격을 지불하고 매수한 투자자들은 현명했던 것일까? 꼭 그렇지는 않다. 그 뒤 몇 주만에 모토로라 주가는 이날의 상승분을 모두 반납해 차라리 인내심을 갖고 기다리는 게 더 나았을 것이다. 주식시장 전반이 하락할 때는 어떤 회사에 대한 증권가의 평가가 이전보다 부정적으로 바뀔 경우 긍정적으로 바뀔 때보다 훨씬 더 빨리 시장에 반영된다. 시장이 상승세를 탈 때는 이와 반대의 현상이 벌어진다. 모토로라의 텔레비전 사업부문 매각 소식을 듣고 이 회사 주식을 매수한 투자자들에게는 안타깝게도 바로 그 다음주부터 연방준비제도이사회FRB가 단기 금리를 잇달아 큰 폭으로 인상하는 바람에 시장 전반의 흐름이 하락세로 돌아섰고, 약세 심리가 광범위하게 퍼져나갔다.

이날 갑작스러운 뉴스를 접하고 모토로라 주식을 매수한 투자자들에게 직격탄을 날린 또 다른 변수가 있다. 이 변수는 투자의 세계에서 무척 미묘하면서도 위험한 문제 가운데 하나로 제아무리 똑똑한 투자자라도 반드시 경계해야 할 요인이다. 특정 주식이 장기간에 걸쳐 어떤 가격 범위 대帶에서 거래됐다고 하자. 가령 38달러를 저점으로 하고 43달러를 고점으로 하는 박스권에서 주가가 오랫동안 움직였다. 그러면 이 같은 주가 수준을 이 주식의 진정한 가치라고 생각하는 경향이 굳게 자리잡는다. 이로 인해 일반 투자자들이 이 주식의 "가치"가 38~43달러 수준이라고 확고하게 믿고 있는 상황에서 갑자기 증권가의 평가가 달라져 24달러로 떨어지면 이 주식에 대해 잘 안다고 생각하는 매수자들이 달려들게 마련이다. 이들이 매수하는 이유는 당연히 지금 주가가 매우 싸다고 느끼기 때문이다. 하지만 이 기업의 펀더멘털이 상당히 나빠졌다면 사실 24달러도 비싼 셈이다. 이와는 반대로 가령 이 주식이 갑자기 50달러, 60달러, 70달러 수준까지 오르면 많은 사람들은 주가가 "비싸졌다"고 느끼게 되고 결국 이 주식을 내다팔아 이익을 취한다. 투자자들이라면 누구나 갖게 되는 이런 충동은 값비싼 대가를 치를 수 있다. 주식에 투자해 두고두고 기억에 남을 만한 투자 수익을 올리는 경우는 맨 처음에 매수한 가격보다 주가가 몇 배로 오른 주식을 상당한 수량 보유했을 때이기 때문이다. 아무리 과거의 주가 수준에 익숙해져 있다 하더라도 현재 주가가 이전 주가에 비해 높다든가 낮다는 것은 결코 어떤 주식이 "싸다"든가 "비싸다"는 것을 가늠할만한 진정한 잣대가 될 수 없다. 오히려 유일한 기준은 현재 증권가에서 이 주식에 대해 평가하고 있는 것보다 해당 기업의 실제 펀더멘털이 더 좋은가, 아니면 더 나쁜가를 따져보는 것이다.

앞서도 언급했듯이 증권가의 평가 가운데 세 번째 것이 있다. 이 세 번째 것은 특정 기업에 대한 평가, 그 기업이 속해 있는 산업이나 업종에 대한 평가와 더불어 반드시 함께 고려해야만 한다. 이들 세 가지 평가를 모두 조사한 다음에야 비로소 어떤 주식이 현재 시점에서 싸다든가 비싸다는 판단을 정확히 내릴 수 있다. 주식시장 전반에 대한 증권가의 평가가 바로 이 세 번째 것이다. 일정 기간 동안 주식시장 전반에 대한 평가가 얼마나 극단적인 영향을 미칠 수 있으며, 이 같은 평가가 실제 사실들과 얼마나 동떨어진 것일 수 있는가는 20세기 들어 이런 잘못된 평가가 가장 극적으로 시장을 지배했던 두 시기를 살펴보면 쉽게 이해할 수 있을 것이다. 지금 돌아보면 좀 황당해 보이겠지만 1927년부터 1929년까지 증권가의 대다수 투자자들은 미국이 완전히 "새로운 시대"로 접어들었다고 믿었다. 대부분의 미국 기업들은 수 년간 순이익이 거침없이 그리고 꾸준하게 늘어났다. 경기 불황 따위는 사람들의 기억 저편으로 사라져버렸다. 더구나 이름난 엔지니어이자 훌륭한 사업가인 허버트 후버가 대통령으로 당선됐다. 그의 명성과 탁월한 능력은 미국 경제에 그야말로 화려한 번영을 가져다 줄 것으로 기대됐다. 이런 상황에서 주식을 보유하는 게 손실이 될 것이라고는 아무도 생각하지 않았다. 많은 사람들은 이렇게 확실한 투자 대상인 주식에 가능한 한 최대의 금액을 투자하고자 했고, 그래서 자신의 수중에 가진 현금 외에 돈을 빌려 더 많은 주식을 샀다. 주식시장 전반에 대한 이 시기의 장밋빛 평가가 끝내 어떻게 귀결됐는지 우리는 익히 알고 있다. 대공황의 참혹함이 시장을 덮쳐왔고, 1929년부터 1932년까지 이어진 약세장은 앞으로도 오랫동안 기억될 것이다.

이와는 정반대되는, 하지만 마찬가지로 극단적으로 잘못된 주식시장에 대한 평가가 1946년 중반부터 1949년 중반까지 3년간에 걸쳐 이어졌다. 당시 대부분의 기업들이 거둔 순이익은 무척 컸고 전망도 좋았다. 하지만 증권가에서 주식을 바라보는 시각은 매우 부정적이었다. 때문에 주가수익 비율은 지난 수십 년 동안 전례를 찾아볼 수 없을 정도로 아주 낮았다. 증권가에서는 "기업들의 좋은 실적은 사실 아무것도 아니다"라고 말하고 있었다. 이 같은 실적은 "단지 일시적인 것일 뿐이며 경기 불황이 조만간 덮쳐오면 순이익은 급격히 줄어들거나 사라져버릴 것"이라는 게 이들의 평가였다. 증권가에서는 남북전쟁이 끝난 뒤 1873년 시장이 폭락세에 빠져들어 결국 1879년까지 심각한 경기 불황을 겪어야 했던 과거를 잊지 않고 있었다. 제1차 세계대전 후에도 1929년의 주가 폭락과 뒤이은 6년간의 대공황이 벌어졌다는 사실을 생생히 기억하고 있었다. 제2차 세계대전은 앞서의 두 차례 전쟁보다 훨씬 더 규모가 컸고, 따라서 경제에 미치는 파급도 이전과는 비교할 수 없을 정도였다. 그런 점에서 주식시장에는 이전보다 더 큰 약세장이 찾아올 것이며, 심각한 경기 불황의 그림자가 드리울 것이라는 예상이 지배적이었다. 이런 평가가 시장을 휩싸고 도는 동안 대부분의 주식은 한마디로 바겐세일의 대상이었다. 마침내 투자자들이 이런 이미지가 잘못된 것임을 알아차리기 시작하고, 기다렸던 심각한 경기 불황이 오지 않자 주식시장은 미국 역사상 최장 기간의 상승세를 연출하게 됐다.

 1972년부터 1974년까지의 약세장으로 인해 기업 대부분의 주가수익 비율은 1946~1949년에 비견될 만큼 역사적으로 가장 낮은 수준까지 떨어졌다. 이제 문제는 이 같은 약세장을 야기한 증권가의 주식시장 전반에 대한 평가가 과연 올바른 것인가 하는 점이다. 주가수익 비율을 역사적으로 가장 낮은 수준까지 끌어내린 증권가의 두려움은 과연 유효한 것인가? 아니면 1946년부터 1949년 사이 나타났던 잘못된 평가가 또 다시 재연된 것인가? 이 문제에 대한 답은 이 책의 후속편이 나올 때쯤이면 충분히 밝혀질 것이다.(이 책 《보수적인 투자자는 마음이 편하다》는 1975년에 출간됐다-옮긴이)

주식시장에 상장된 모든 종목의 주가 수준에 영향을 미치는 요인들과 특정 종목의 주가수익 비율을 주식시장 전체의 주가수익 비율보다 더 큰 폭으로 변화시키는 요인들 간에는 기본적으로 차이가 있다. 이미 설명했듯이 어느 시점에 특정 종목의 주가수익 비율에 영향을 미치는 요인들은 전적으로 해당 기업에 대한 증권가의 평가와 그 기업이 속해 있는 업종이나 산업에 대한 평가가 어떤 이미지를 갖고 있느냐에 달려있다. 그러나 전체 주식시장의 주가 수준에 영향을 미치는 것은 이런 이미지뿐만이 아니다. 주식이 매력적인 투자 대상인가에 대한 증권가의 현재 평가와 실물 경제에서 벌어지는 특정 시점의 순수한 금융적인 요인들이 전체 주식시장의 주가 수준에 결정적인 영향을 미친다.

실물 경제에서 벌어지는 금융적인 요인 가운데 가장 큰 영향을 미치는 것은 금리다. 장기 금리가 됐든 단기 금리가 됐든, 혹은 두 가지 금리 모두가 됐든 채권시장에서 금리가 높아지면 투자 자금의 큰 부분이 채권시장 쪽으로 흘러들게 되고, 따라서 주식에 대한 수요는 그만큼 감소한다. 채권시장으로 옮겨가기 위해 주식을 팔 수도 있을 것이다. 이와는 반대로 금리가 낮아지면 채권시장에서 주식시장으로 투자 자금이 흘러든다. 그러므로 금리가 높을수록 주식시장 전체의 주가 수준은 낮아지고, 금리가 낮을수록 주식시장 전체의 주가 수준은 높아지는 경향이 있다. 마찬가지로 일반 국민들이 소득 가운데 더 많은 부분을 저축하려는 분위기가 형성될수록 더 많은 자금이 채권과 주식시장으로 흘러들게 되고, 이에 따라 주식시장도 강세장에 유리한 여건이 조성돼 주가가 빠른 속도로 상승하게 된다. 그러나 이것은 금리가 전체 주식시장에 미치는 영향에 비해서는 작다고 할 수 있다. 이보다도 더 작지만 어떤 식으로든 주식시장에 영향을 미치는 요인으로는 신규 상장 주식이 얼마나 많으냐는 것도 있다. 신규 상장 주식은 이미 주식시장에 투자된 자금 가운데 일부를 흡수한다. 그러나 신규 상장 주식이 전체 주식시장의 주가 수준에 미치는 영향이 크지 않은 이유는 다른 요인들이 주식시장에 긍정적으로 작용할 경우 이런 분위기를 타고 신규 상장 주식 물량은 늘어나게 되고, 전체 주식시장의 주가 수준이 바닥까지 떨어지면 새로 주식시장에 상장하려는 기업은 완전히 말라버리기 때문이다. 결국 신규 상장 주식 물량은 그 자체로 주식시장 전반에 영향을 미치기 보다는 오히려 다른 요인들에 의해 좌우되는 종속변수에 가깝다.

  지금까지 설명한 보수적인 투자의 네 번째 영역은 이렇게 요약할 수 있을 것이다. 특정 시점의, 특정 종목의 주가는 특정 기업에 대해, 또 그 기업이 속해 있는 업종이나 산업에 대해, 그리고 주식시장 전반의 주가 수준에 대해 증권가에서 현재 내리고 있는 평가에 따라 결정된다. 어느 시점에 어떤 종목의 주가가 매력적인가, 그렇지 않은가는 이 같은 증권가의 평가가 실제 펀더멘털과 얼마나 차이가 나느냐에 따라 상당 부분 좌우된다. 그러나 앞서 설명한 것처럼 주식시장 전체의 주가 수준은 투자의 큰 그림을 그리는 데 중대한 영향을 미치고, 이를 제대로 판단하기 위해서는 순전히 금융적인 요인들이 앞으로 어떻게 변할 것인지 정확히 예측하는 게 결정적인데, 그 중에서도 가장 중요한 게 바로 금리다.

《2권》
나의 투자 철학

프랭크 E. 블록에게 이 책을 바친다

이 책은 미국 공인재무분석사협회Institute of Chartered Financial Analysts의 회고록 시리즈로 처음 출간됐다. 이 회고록 시리즈는 공인재무분석사CFA인 프랭크 E. 블록의 C. 스튜어트 셰퍼드 상C. Stewart Shepard Award 수상을 기리는 뜻으로 기획된 것이다. 블록은 공인재무분석사협회를 발전시키는 데 기울인 헌신적인 노력과 함께 탁월한 지도력을 발휘한 공로로 이 상을 수상했다. 그의 기여 덕분에 공인재무분석사협회는 재무분석가들의 지식 수준을 한 차원 높일 수 있었고, 보다 강화된 윤리 기준을 제정할 수 있었으며, 재무분석가들이 계속해서 교육을 받을 수 있는 각종 프로그램과 출판물들을 개발할 수 있었다.

1

투자 철학의 기원

어떤 투자 방식이든 그것이 엄격한 훈련을 통해 수립된 것이라면 먼저 왜 그 같은 투자 방식을 고안하게 됐는가를 분명하게 알아야 투자 방식의 진정한 의미를 이해할 수 있다. 내가 관리하고 있는 피셔 앤드 컴퍼니Fisher & Co.는 더 나은 투자 기회를 위해 일시적으로 보유하고 있는 현금 및 현금성 자산을 제외하고는 모든 운용 자금을 투자 대상 기업의 경영상 특성에 기초해 아주 적은 숫자의 기업에 투자한다는 한 가지 분명한 원칙을 갖고 있다. 투자 대상 기업의 매출액과, 이보다 더욱 중요한 요소인 순이익은 그 기업이 속해 있는 산업 전체보다 더 높은 비율로 성장해야 한다. 이와 함께 이들 기업의 리스크는 성장성에 비해 상대적으로 작아야 한다. 피셔 앤드 컴퍼니의 이 같은 기준을 충족시키기 위해서는 투자 대상 기업의 최고 경영진이 이런 목표를 달성할 수 있는 실행 가능한 정책을 갖고 있어야 한다. 우리가 정한 기준에서 요구하고 있는 장기적으로 훨씬 더 큰 이익을 위해 기꺼이 눈앞의 이익을 희생할 수 있어야 한다. 그런 점에서 경영진은 장기적인 정책을 수행하면서 동시에 매일매일 반복되는 일상적인 사업 활동에서도 발군의 업적을 발휘하는 능력을 가져야 한다. 최고 경영진에게 필요한 또 하나의 자질은 혁신적인 개념을 도입하거나 신제품을 개발해 다른 기업이 따라올 수 없는 이익을 얻고자 분투할 때, 혹은 경영진이 그동안의 성공에 너무 도취해 자만에 빠졌을 때 불가피하게 수반되는 중대한 실수를 발견하게 되면 이를 정확히 인식하고 확실하게 치유할 수 있는 능력이다.

나는 제조업체의 특성에 대해 가장 잘 이해하고 있다고 생각하기 때문에 피셔 앤드 컴퍼니의 주된 활동 범위를 제조업체로 한정했다. 가장 앞선 기술력과 뛰어난 경영 판단 능력이 결합해 우리가 설정한 기준을 충족시키는 제조업체를 찾고자 한 것이다. 특히 최근에는 피셔 앤드 컴퍼니의 투자를 전적으로 제조업체에만 집중했는데, 이는 그동안 몇 차례 비제조업체에 투자한 결과 그 성과가 그리 만족스럽지 않았기 때문이다. 하지만 이와 똑같은 원칙을 소매 업종이나 운수 업종, 금융 업종에 정통한 투자자가 적용할 경우 내가 제조업체에 투자한 것과 마찬가지로 상당한 이익을 거둘 수 있을 것이다.

다른 사람의 투자 방식을 그대로 복사한 것이 아니라면 어떤 투자 철학도 하루 아침에, 아니 한두 해 정도의 짧은 기간에 완성할 수 없다. 나의 경우에도 투자 철학을 발전시켜 나가는 데 꽤 오랜 성숙 기간이 필요했다. 나의 투자 철학은 부분적으로는 논리적인 사고를 통해 얻어지기도 했고, 다른 투자자들의 성공과 실패 사례를 관찰함으로써 터득하기도 했다. 그러나 역시 가장 중요한 부분은 자신이 저지른 실수로부터 배워가는 매우 고통스러운 방법을 통해 얻어졌다. 나의 투자 철학을 다른 사람들에게 설명하기 위해서는 연대기적인 과정을 따르는 게 최선일 것이다. 그런 점에서 투자 철학을 형성하기 시작한 초창기의 시점으로 거슬러 올라가 어떻게 이런 투자 철학을 완성시킬 수 있었는지 하나씩 설명하도록 하겠다.

주식 투자에 흥미를 느끼다

주식시장이라는 게 있으며, 주가 변동에 따라 기회를 잡을 수 있다는 사실을 내가 처음으로 알게 된 것은 꽤 어렸을 때였다. 아버지는 다섯 남매 중 막내였고 어머니는 여덟 남매 중 막내였는데, 그러다 보니 내가 태어났을 무렵에는 친가와 외가를 합쳐 조부모 가운데는 외할머니 한 분만 생존해계셨다. 내가 외할머니에게 각별한 애정을 느끼는 것은 아마도 이런 이유 때문일 것이다. 내가 초등학교를 겨우 졸업했을 무렵의 어느 날 오후 외할머니를 뵈러

갔다. 그런데 외삼촌이 외할머니를 찾아와 내년도 경기 전망이 어떠할 것이며, 그러면 외할머니가 갖고 있는 주식에 어떤 영향을 미칠 것인가에 관해 얘기를 나누었다. 나에게는 완전히 새로운 세상이 열리는 순간이었다. 약간의 돈을 저축하기만 하면 이 나라에서 가장 멋진 사업을 하고 있는 수백 개 기업들 가운데 앞으로 큰 이익을 낼 회사를 골라 그 주식을 살 수 있는 권리를 갖는다. 선택만 잘하면 이익은 꽤 괜찮을 것이다. 나는 과연 무엇이 어떤 기업을 매력적으로 만드는가에 대해 온갖 생각을 다해보았다. 내가 제대로 판단해서 행동하는 방법을 배우기만 한다면 그동안 해왔던, 별로 흥분되지도 않고 따분하며 의미 없는 어떤 놀이보다 나은 게임일 것 같았다. 외삼촌이 자리를 뜨자 외할머니는 나를 바라보며 어린 손주가 있는데 괜히 외삼촌이 찾아와 아이에게는 재미없는 이야기를 나누느라 시간을 보내게 됐다며 미안하다고 말했다. 나는 외할머니에게 전혀 그렇지 않다고 말씀드렸다. 외삼촌과 외할머니가 대화를 나누었던 한 시간이 나에게는 마치 10분처럼 느껴졌으며 무척 흥미 있는 것들에 대해 들을 수 있었다고 말이다. 이로부터 세월이 한참 지난 뒤에야 나는 당시 외할머니의 주식 보유액이 얼마나 적었으며, 그날 내가 들었던 이야기가 얼마나 피상적인 것이었는지 알게 됐다. 하지만 그날 외할머니와 외삼촌의 대화를 들으며 처음으로 타올랐던 주식 투자에 대한 흥분은 평생을 두고 이어졌다.

    당시 어린 나이였던 나는 주식 투자에 대단한 흥미를 느꼈던 데다 그 무렵에는 요즘과 달리 소액 투자에 대해서는 법적으로 미성년자 여부를 따지지도 않았기 때문에 1920년대 중반의 질풍노도疾風怒濤와도 같았던 강세장에 뛰어들어 적은 돈을 벌기도 했다. 그러나 외과의사였던 아버지는 주식 투자란 도박하는 습관만 길러줄 뿐이라며 나를 심하게 나무랐다. 그렇다고 해서 내가 천성적으로 도박꾼의 본성이라고 할 수 있는, 모험을 즐기기 위해 위험을 무릅쓰는 성격이라는 말은 아니다. 오히려 그 시절을 돌아보면 이와는 반대로 당시 주식 투자로 약간의 돈을 벌기는 했지만 적어도 어떻게 투자할 것인가 하는 부분에 관해서는 아무것도 배우지 못한 것 같다.

초창기의 경험

그러나 1920년대의 대강세장이 마침내 대폭락과 함께 종지부를 찍기 직전까지 나는 몇 가지 중요한 경험을 했다. 이것은 앞으로의 내 인생에서 정말 너무나도 소중한 가르침이 됐다. 1927년 가을 나는 당시 개교한 지 얼마 되지 않은 스탠퍼드 대학교 비즈니스 스쿨에 입학했다. 그 무렵 스탠퍼드 비즈니스 스쿨의 대학원 1학년 과정은 전체 수업시간의 20%에 해당하는 매주 하루의 수업을 샌프란시스코 만灣 지역에서 제일 큰 기업체들을 방문하는 것으로 짜놓고 있었다. 이 수업을 지도했던 보리스 에머트 교수는 대개의 경우처럼 학문적으로 이런 과정을 전공했기 때문에 이 과목을 맡은 것은 아니었다. 그 무렵 한창 잘 나갔던 대형 우편주문 판매회사들은 자신들이 파는 상품의 대다수를 외부 제조업체로부터 공급받았는데, 이런 납품 업체들에게 수요처는 오로지 한두 곳의 우편주문 판매회사가 전부였다. 그러다 보니 제조업체들에게는 우편주문 판매회사와의 계약이 무척 까다롭고 이익률도 매우 낮아 제조업체들은 심심치 않게 심각한 자금난에 봉착하곤 했다. 우편주문 판매회사 입장에서도 자신들에게 상품을 공급하는 업체가 도산하는 게 좋을 리 없었다. 그래서 한 우편주문 판매회사가 에머트 교수에게 납품업체들의 사정이 절박해질 경우 이런 회사를 살려낼 수 있는 방안을 마련하도록 일을 맡긴 것이었다. 에머트 교수는 이 일을 몇 년 동안 계속했고, 그 결과 기업 경영에 대해 상당히 많은 것을 알게 됐다. 이 수업의 원칙 가운데 하나는 단순히 공장을 둘러볼 수 있게 해주는 기업은 절대 방문하지 않는다는 것이었다. 일단 "사업 활동이 어떻게 굴러가는지 파악한" 다음에는 반드시 그 회사 경영진이 우리와 한자리에 앉아야 했다. 그러면 에머트 교수의 날카로운 질문이 던져졌고, 우리는 이 회사가 실제로 어떤 강점과 약점을 갖고 있는지 배울 수 있었다. 나는 이것이 바로 내가 찾고자 애썼던 배움의 기회라는 사실을 직감했다. 나는 특히 이런 배움의 기회를 최대한 나에게 유리하게 만들 수 있었다. 이미 반 세기 전인 그 시절만 해도 자신의 자동차를 타고 다니는 사람은 요즘과는 비교할 수조차 없을 정도로 적었다. 에머트 교수도 자동차가 없었다. 나에게는 있었다. 나는 에머트 교수에게 회사를 방문할 때 내가 모시고 가겠다고 말씀드렸다. 기업체로 향하는 도중에는 그리 많은 것을 배우지 못했다. 그러나 스탠퍼드로 돌아오는 길에서는 우리가 방문한 회사에 대해 에머트 교수가 진심으로 어떻게 생각하고 있는지 들을 수 있었다. 매주 한 차례씩 차 안에서 나에게만 특별히 들려주었던 그의 설명은 그 뒤로 다시는 경험하지 못한 가장 가치있고 즐거웠던 배움의 기회였다.

더구나 이런 기업체 탐방을 하면서 하루는 아주 특별한 확신을 갖게 됐는데, 이것은 몇 년 뒤 개인적으로 엄청난 금전적 이득을 가져다 주었다. 실제로 이렇게 거둔 이익은 내 사업 밑천이 되었다. 그날은 하나의 기업이 아니라 두 개의 기업을 방문했다. 산호세에 위치한 두 기업은 도로 하나를 사이에 두고 마주 바라보고 있었다. 그 중 한 곳은 존 빈 스프레이 펌프 컴퍼니라는 회사로 과수원 등에서 해충 방지용으로 사용하는 스프레이 살충제용 펌프를 만드는 세계적인 제조업체였다. 또 한 곳은 앤더슨-반그로버 매뉴팩쳐링 컴퍼니였는데, 이 회사 역시 과일 통조림 업체에서 사용하는 장비 분야에서 세계적인 제조업체로 손꼽혔다. 1920년대까지만 해도 "성장 기업growth company"이라는 개념은 금융 전문가들 사이에 쓰이지 않는 말이었다. 그러나 나는 다소 서투르게나마 에머트 교수에게 이 말을 사용해보았다. "제가 생각하기에는 이번에 방문한 두 회사는 우리가 지금까지 둘러본 그 어떤 회사들보다 현재의 규모에 비해 훨씬 크게 성장할 가능성이 높아 보입니다." 에머트 교수도 내 말에 동의했다.

에머트 교수를 옆자리에 태우고 기업체를 방문하는 길에 나는 그의 과거 사업 경험에 대해서도 물어보았다. 이렇게 해서 배운 내용은 내가 나중에 투자 사업을 해나가는 데 유익한 자산이 되었다. 우량 기업이 되기 위해서는 영업이 가장 중요하다는 것이었다. 어떤 회사가 생산원가를 최대한 낮춰 제품을 생산하고, 선풍적인 인기를 몰고 올 발명품을 내놓을 수도 있지만 정말로 좋은 기업이 되기 위해서는 그것만으로는 부족하다. 다른 사람들에게 자사 제품의 가치를 확신처럼 심어줄 수 있는 영업 인력을 갖고 있지 않다면 그 회사는 결코 자신의 운명을 스스로 개척해나갈 수 없다. 한참 뒤 나는 이 같은 바탕 위에서 심지어 강력한 영업 조직을 가졌다 해도 그것만으로는 불충분하다는 결론을 내렸다. 어떤 회사가 진정으로 가치있는 투자 대상 기업이 되기 위해서는 제품을 판매할 수 있는 능력뿐만 아니라 끊임없이 변화하는 고객의 수요와 바람을 파악할 수 있어야 한다. 다른 말로 하자면 이 모든 것을 다 함께 아우르는 마케팅의 진정한 개념에 정통해야 하는 것이다.

경험의 학교에서 배운 첫 번째 교훈

1928년 여름이 다가오면서 비즈니스 스쿨의 1학년 과정도 끝났는데, 나로서는 도저히 그냥 지나쳐버릴 수 없는 멋진 기회가 찾아왔다. 요즘에는 스탠퍼드 비즈니스 스쿨에 매년 수백 명의 학생이 입학하지만 당시 내가 입학한 대학원 1학년 과정에는 모두 19명이

들어왔을 뿐이다. 스탠퍼드 비즈니스 스쿨이 문을 연 지 불과 3년밖에 되지 않았을 때니 그럴만하기도 했다. 우리보다 1년 앞서 입학했던 2회 졸업생들은 불과 아홉 명이었다. 이들 가운데 금융 분야를 전공한 경우는 단 두 명뿐이었다. 그 무렵 주식시장의 열기가 워낙 뜨거웠으므로 두 졸업생은 뉴욕의 투자신탁 회사에 스카우트되었다. 그런데 마지막 순간 샌프란시스코의 한 은행에서 학교 측에 투자론을 전공한 졸업생을 추천해달라고 요청해왔다. 이 은행은 나중에 크로커 내셔널 뱅크에 인수됐는데, 아무튼 학교 입장에서는 이런 기회를 그냥 날려버리기가 아까웠다. 만약 학교에서 추천한 졸업생을 은행에서 인정하게 되면 앞으로 배출할 졸업생들의 취업 기회가 그만큼 늘어나는 계기가 될 것이기 때문이었다. 문제는 추천할 졸업생이 없다는 점이었다. 쉬운 일은 아니었지만 나는 이 소식을 듣자 학교 측에 나를 추천해달라고 제안했다. 내가 그곳에 가서 일을 잘하게 되면 그곳에 계속 다닐 생각이었다. 만약 내가 은행 일에 적합하지 않은 것으로 판명이 나면 다시 학교로 돌아와 2학년 과정을 마칠 것이다. 그러면 은행 측에서도 우리 학교가 의도적으로 제대로 훈련받지 않은 학생을 보낸 것이 아니라는 뜻을 이해할 것이라고 설득했다.

1929년의 주식시장 대폭락 이전까지 증권 애널리스트들은 통계원이라고 불렸다. 그런데 대폭락이 시작된 뒤 3년간 연속적으로 주가가 큰 폭으로 하락하면서 월스트리트의 통계원이라고 하면 상당히 불명예스러운 이름이 됐다. 그래서 증권 애널리스트로 이름을 바꾸게 된 것이다.

　나는 은행의 투자은행 부서에서 일하는 통계원이 되었다. 그 무렵만 해도 은행들이 증권 중개나 투자은행 사업을 하는 데 아무런 법적 제약이 없었다. 내가 맡은 일은 정말 너무나도 단순한 것이었다. 내가 생각하기에 이런 일은 지적으로 보자면 약간 정직하지 못한 일이기도 했다. 당시 은행의 투자 부서는 여러 은행과 공동으로 일괄 인수한 고금리의 신규 회사채를 팔아 막대한 금액의 수수료 수입을 올리고 있었다. 은행에서는 이런 회사채는 물론 자신들이 판매하는 그 어떤 증권에 대해서도 발행 기업의 재무 건전성 따위를 평가하려고 하지 않았다. 오히려 판매자가 시장의 주도권을 잡았던 당시 상황에서는 뉴욕의 대형 투자은행이나 동업자들이 은행 측에 공동인수를 제안해오면 기꺼이 일괄 인수에 참여했다. 은행의 세일즈맨들은 이렇게 인수한 채권이나 주식을 고객들에게 판매했다. 이들은 고객들을 상대로 "은행에는 고객들의 자산을 관리하고, 각각의 증권에 대한 보고서를 작성해 고객들에게 보내줄 수 있는 통계부서가 있다"고 자랑했다. 그러나 실제로 은행의 증권 애널리스트들이 한 일이라고는 특정 회사의 기업 내용에 대해 무디스Moody's나 스탠다드 스터티스틱스Standard Statistics 같은 신용정보회사가 발표한 자료를 살펴보는 것이 전부였다. 그러다 보니 당시 나와 마찬가지로 이런 자료에 나와있는 지식 이상을 갖고 있지 못했던 친구들은 자료에 나와 있는 구절을 그대로 베껴서 자기 보고서에 옮겨놓기도 했다. 어떤 회사의 매출액 규모가 크면 단순히 그 회사가 크다는 이유만으로 "경영 상태가 좋다"는 식으로 보고서에 썼다. 나의 경우에는 고객들이 은행에서 판매하려고 하는 증권에 주목할 수 있도록 내가 "분석하는" 종목을 교체하라는 압력을 직접적으로 받지는 않았지만 당시 은행 전반의 분위기는 이런 류의 분석을 권하고 있었다.

기본을 다지다

이런 식으로 일한 지 얼마 지나지 않아 나는 모든 과정이 너무나 피상적으로 진행되고 있다고 느끼게 됐고, 그래서 뭔가 더 나은 방식으로 일을 해야겠다고 생각했다. 운이 좋게도 당시 나의 직장 상사는 내가 왜 그렇게 느끼는지 십분 이해해주었고, 내가 그에게 제안한 새로운 방식을 시도해볼 수 있도록 허락했다. 그때가 1928년 가을이었는데, 주식시장에서는 라디오 주식에 대단한 투기 열풍이 불고 있었다. 나는 샌프란시스코에 있는 대형 백화점 여러 곳의 라디오 구매부서를 돌아다니며 은행의 투자 담당자라고 소개했다. 나는 이들에게 라디오 시장에서 치열한 경쟁을 벌이고 있는 3대 기업에 대한 의견을 구했다. 놀랍게도 이들이 나에게 해준 이야기는 모두 비슷한 것이었다. 특히 한 사람은 자신을 엔지니어 출신이라고 소개하면서 이들 회사 가운데 한 곳에서 일했던 경험이 있다고 했는데, 이 사람으로부터 많은 것을 배울 수 있었다. 세 회사 가운데 하나였던 필코는 안타깝게도 당시까지 개인 기업 형태를 고수하는 바람에 주식시장에서 이 회사의 주식을 매수할 수 없었다. 하지만 라디오 시장에 선풍적인 인기를 몰고 온 모델을 개발한 업체였다. 이 회사는 덕분에 시장점유율을 확대할 수 있었고 생산원가도 상당히 낮아 꽤 높은 이익률을 올리고 있었다. RCA는 기존의 시장점유율을 그대로 유지하고 있었던 반면, 당시 주식시장에서 인기가 매우 높았던 나머지 한 회사는 시장점유율이 추락하면서 큰 문제에 부딪쳤다는 신호를 감지할 수 있었다. 사실 이런 일은 내가 몸담고 있는 은행과는 직접적인 관련이 없는 것이었다. 은행에서는 라디오 회사의 주식을 전혀 갖고 있지 않았으니 말이다. 하지만 나의 평가 보고서는 내가 은행에서 일하는 데 도움을 주었다. 그 무렵 은행의 여러 간부 직원들은 라디오 주식에 투자하고 있었고, 당연히 내 보고서에 많은 관심을 보였기 때문이다. 더구나 "인기있는" 라디오 주식들에 대해 이야기해놓은 월스트리트의 보고서에서는 이런 투기 종목과 관련해 내가 분명하게 지적한 문제점을 단 한 마디도 언급하지 않았다.

 그 뒤로 12개월 동안 주식시장은 무모할 정도로 상승세를 이어갔고, 대부분의 종목들이 신고가를 경신했다. 나는 그러나 내가 문제가 있다고 지적한 종목이 상승장 속에서도 주가가 뒷걸음질치는 모습을 관심을 갖고 지켜보았다. 이것은 훗날 나의 기본적인 투자 철학에 중요한 밑거름이 된 첫 번째 가르침이었다. 이미 발표한 어느 기업의 재무제표를 읽는 것만으로는 절대로 정확한 투자를 할 수 없다. 신중한 투자를 위해 반드시 밟아야 할 결정적인 단계 가운데 하나는 그 회사와 직접적인 관련이 있는 사람들을 상대로 그 회사가 처해있는 현재 상황에 대해 자세히 알아내는 것이다.

하지만 이제 겨우 시작 단계였던 이 시기에는 논리적으로 한 걸음 더 나아간 투자 철학에까지 이르지는 못했다. 어느 기업을 투자 대상으로 고려한다면 그 회사를 경영하는 인물들에 대해 최대한 상세히 알아야 한다. 이를 위해서는 직접 그 사람들을 만나거나 아니면 그 사람들을 잘 안다고 믿을 수 있는 인물을 찾아내야 한다.

1929년이 시작되면서 나는 주식시장의 비정상적인 상승세가 계속 이어질 수 있을지 자꾸만 의심이 들기 시작했다. 주가는 우리가 이제 "새로운 시대"로 접어들었다는 매혹적인 논리에 힘입어 끊임없이 신고가를 경신하고 있었다. 이런 논리에 따르면 앞으로도 매년 주당 순이익이 늘어나는 게 당연한 것처럼 여겨졌다. 하지만 내가 미국의 주요 산업들에 대한 전망을 평가해본 결과 상당수 산업에서 수요와 공급의 불균형이라는 문제를 발견했다. 이런 문제는 이들 산업의 전망이 오히려 불투명하다는 점을 알려주는 것이었다.

1929년 8월에 나는 은행의 간부들에게 배포한 또 한 편의 특별 보고서를 작성했다. 보고서에서 나는 앞으로 6개월 이내에 지난 사반세기 이래 최악의 약세장이 시작될 것이라고 지적했다. 사실 이 보고서는 향후 무슨 일이 벌어질 것인가에 대해 당시 상황에서 보자면 정말 극단적인 예측을 한 셈이었는데, 그 자체만으로도 내 자존심을 한껏 높여주었다. 특히 내 예상이 정확히 들어맞았다는 점을 감안하면 이런 선견지명을 통해 상당히 큰 이익을 취할 수도 있었다. 하지만 실제로 벌어진 일은 이와는 정반대였다.

나는 대폭락을 앞두었던 1929년의 이 위험했던 시기에 주식시장 전반이 너무 과도하게 올랐다는 점을 절실하게 느끼고 있었지만 나 역시 주식시장의 화려한 광채에 눈이 멀어 있었다. 이로 인해 나는 "아직도 여전히 싼" 편이며 "아직까지 제대로 오르지 않았기" 때문에 투자할만한 몇 개의 종목을 찾아내고자 했다. 그 무렵 나에게는 몇 년간에 걸친 주식 거래로 얻은 약간의 이익과 내 월급의 일부를 저축해서 모아둔 자금이 있었고, 여기에 대학시절 벌어둔 돈까지 합쳐 1929년 내내 수천 달러 정도의 금액으로 주식 투자를 하고 있었다. 나는 이 자금을 세 가지 종목에 똑같이 나눠 투자했는데, 무지했던 나의 생각으로는 이들 종목이 과도하게 상승한 주식시장에서 여전히 저평가돼 있는 것으로 보였다. 그 중 한 종목은 철도 산업의 선두 기업으로 주가수익 비율PER, price-earnings ratio이 매우 낮았다. 사실 철도 장비 업종은 당시 모든 산업 가운데서도 가장 경기에 민감한 업종이었다는 점을 감안하면 곧이어 몰아 닥친 대공황기에 이 회사의 매출액과 순이익이 어떻게 됐을지는 어렵지 않게 상상할 수 있을 것이다. 나머지 두 종목은 샌프란시스코에서 활동하는 광고판 회사와 택시 회사였는데, 두 종목 모두 주가수익 비율이 아주 낮았다. 라디오 주식을 평가할 때는 그 회사에 무슨 일이 벌어지고 있는지에 대해 열과 성을 다해 탐문했고 성공적인 성과를 거두었음에도 불구하고 막상 이들 두 회사에 대해서는 그렇게 하지 못했다. 사실 이들 두 회사는 전국적인 기업이 아니라 지방 기업이었고, 따라서 회사를 경영하는 사람을 직접 만나거나 정보를 수집하는 일이 매우 수월했는데도 회사에 대해 잘 아는 사람에게 질문을 건네는 작업조차 하지 않았다. 불황의 골이 깊어지면서 나는 비로소 내가 투자한 회사들이 왜 그렇게 낮은 주가수익 비율로 거래되고 있었는지 분명히 배울 수 있었다. 1932년까지 내가 투자한 회사의 주가는 크게 떨어졌고, 나의 투자 원금도 형편없이 쪼그라들었다.

사상 초유의 약세장

다행히도 나는 돈을 잃는 것을 천성적으로 지독하게 싫어하는 성격이라 그 후에도 경제적으로는 괜찮은 편이었다. 현명한 사람과 바보의 가장 큰 차이는 현명한 사람은 실수로부터 배우지만 바보는 절대 그렇게 하지 않는다는 점이다. 이런 믿음에 따라 나는 한 번 저지른 실수를 다시는 되풀이하지 않기 위해 내 오류를 면밀히 검토해보기 시작했다.

나의 투자 철학은 사실 1929년에 내가 저지른 실수로부터 하나씩 배우면서 커나갔다. 어떤 주식이 낮은 주가수익 비율로 거래되고 있다면 언뜻 보기에 매력적일 수 있지만 주가수익 비율 그 자체는 아무것도 보장해주지 않으며, 오히려 그 회사에 문제가 있다는 사실을 알려주는 경고의 신호일 수 있다는 점을 배웠다. 또 당시 월스트리트의 시각과는 반대로 어느 주식이 저평가돼 있는지, 고평가돼 있는지를 판단할 때 가장 중요한 점은 현재의 연간 순이익에 따라 계산한 주가수익 비율이 아니라 몇 년 뒤의 연간 순이익에 기초한 주가수익 비율이라는 것도 깨닫기 시작했다. 내가 만약 어떤 기업이 몇 년 뒤에 거둘 순이익을 개략적으로나마 내다볼 수 있는 능력을 기른다면 주식 투자로 인한 손실을 피하는 것은 물론 상당히 큰 이익을 거둘 수 있는 열쇠를 갖게 되는 셈이었다!

나는 낮은 주가수익 비율이 단순히 그 종목의 주가가 싸다는 것이 아니라 위험하다는 신호일 수도 있다는 사실을 배운 것 외에도 사상 초유의 약세장 기간 중에 내가 거둔 초라한 투자 수익률을 냉정하게 분석해봄으로써 더 중요한 무엇이 숨어있다는 사실을 알게 됐다. 1920년대의 강세장 거품이 곧 터질 것이라는 나의 예측은 놀라울 정도로 적중했고, 그 후에 무슨 일이 벌어질 것인가에 대해서도 나의 판단은 거의 들어맞았다. 하지만 이런 예상 덕분에 내가 얻은 것이라고는 소수의 사람들 사이에서 내 명성이 약간 높아지는 정도에 불과했을 뿐 경제적으로는 아무런 실익도 거두지 못했다. 이런 시기를 거치면서 나는 아무리 정확한 투자 판단을 내리고, 특정 주식을 사고 팔 의사를 갖고 있다 해도 이를 실제 행동으로 옮겨 그 거래를 완결시킬 때까지는 아무런 가치도 없다는 사실을 깨달을 수 있었다.

나의 사업을 할 수 있는 기회

1930년 봄에 나는 직장을 옮겼다. 내가 이 얘기를 하는 이유는 직장을 옮긴 이후 나의 투자 철학을 형성하는 데 결정적인 계기가 되었던 여러 가지 일들이 잇달아 벌어졌기 때문이다. 샌프란시스코에서 활동하는 지방 증권회사에서 스카우트 제의가 들어왔는데 꽤 괜찮은 급여조건을 제시했다. 경기가 하강세로 돌아선 시점에서, 그것도 월스트리트가 아닌 서부 지역에서 활동하는 22세의 젊은이에게 그런 조건은 도저히 거절하기 어려운 것이었다. 더구나 그 쪽에서 나에게 제안한 업무는 당시 은행의 투자은행 부서에서 "통계원"으로 일하며 별로 만족스럽지 못한 경험을 쌓아가고 있던 나로서는 무척이나 마음에 드는 것이었다. 내가 해야 할 일은 틀에 박힌 고정된 업무가 아니었다. 어떤 개별 종목의 여러 가지 특성에 따라 판단할 때 그 주식이 매수 대상인지, 아니면 매도 대상인지를 조사해보는 것이었다. 내가 이렇게 조사한 내용은 보고서로 만들어져 내가 일하는 증권회사의 중개인들에게 회람으로 돌려지고, 이들은 내 보고서를 근거로 고객들에게 이익이 될 수 있는 거래를 중개하는 것이었다.

나에게 스카우트 제의가 들어온 것은 허버트 후버 당시 대통령이 "번영은 바로 우리 앞에 와있다"는 유명한 연설을 한 직후였다. 증권회사의 여러 임원들은 암묵적으로 후버 대통령의 이 말을 믿고 있었다. 1929년의 주가 대폭락 여파로 이 회사의 전체 임직원 수는 125명에서 75명으로 줄어들었다. 회사 측 설명으로는 내가 스카우트 제의를 받아들인다면 76번째 직원이 될 것이라고 했다. 그들은 당시 주식시장의 상승 반전을 점치고 있었지만 나는 여전히 비관적이었다. 나는 약세장이 한참 더 지속될 것이라고 확신하고 있었다. 나는 증권회사의 제안을 받아들이는 대신 한 가지 조건을 내걸었다. 만약 내가 하는 일의 수준이 마음에 들지 않는다면 회사 측에서 언제든 나를 해고할 수 있겠지만 앞으로 금융시장이 좋지 않아 추가로 감원해야 할 경우 일방적으로 나를 해고할 수는 없다고 말이다. 회사 측에서는 이 조건에 동의했다.

기회는 시련으로부터 생겨난다

피고용인의 입장에서 보자면 내가 몸담았던 증권회사만큼 좋은 곳도 없었다. 내가 직장을 옮긴 뒤 8개월 동안의 경험은 내 생애에서 가장 귀중한 경영 교육 가운데 하나가 되었으니 말이다. 나는 무엇보다 투자 사업을 이렇게 해서는 안 된다는 점을 매일매일의 사례를 통해 생생하게 목격할 수 있었다. 1930년이 한참 지났지만 주식시장은 여전히 끝이 보이지 않는 하락세를 지속했고, 회사 임원들은 갈수록 갈팡질팡하는 모습만 보여주었다. 마침내 1930년 크리스마스를 코앞에 두고 그때까지 "경제적 대학살"의 상황에서도 어렵게 견뎌냈던 우리 회사도 부도를 내고 샌프란시스코 증권 거래소에서 퇴출당하는 최악의 상황을 맞았다.

나의 직장 동료들에게는 끔찍한 뉴스였지만 이 소식은 내 생애에서 최고는 아니더라도 중대한 사업 발전의 계기가 되었다. 나는 그 무렵 언젠가 다시 호황기가 찾아오면 나 자신의 사업을 시작해보겠다는 개략적인 계획을 갖고 있었다. 고객들의 투자자산을 관리해주고 수수료를 받는 사업이었다. 그냥 투자 자문업이라고 하면 될 것을 굳이 이렇게 우회적으로 설명하는 이유는 당시까지만 해도 그런 말이 쓰이지 않았기 때문이다. 그러나 금융업계는 1931년 1월 너나 가릴 것 없이 그야말로 참담한 기간을 보내고 있었던 터라 내가 찾을 수 있는 안정적인 직업이라고는 따분한 사무직과 같이 전혀 눈길이 가지 않는 직장들뿐이었다. 이 상황을 잘만 분석해보면 바로 내가 마음속에 담고 있는 새로운 사업을 시작할 적절한 타이밍이라는 사실을 발견할 수 있을 터였다. 이런 생각을 한 데는 두 가지 이유가 있었다. 한 가지 이유는 미국 역사상 최악의 약세장이 근 2년 동안이나 이어지면서 거의 대부분의 사람들이 기존에 거래해왔던 증권회사와의 관계가 나빠졌기 때문이다. 그래서 자연스럽게 나처럼 젊은 투자 자문가가 종전의 방법과는 근본적으로 차별되는 투자 방식을 주장하면 귀를 기울이는 분위기가 조성됐다. 이와 함께 경제 전체가 1932년의 바닥을 향해 추락하면서 잘 나가던 많은 기업인들조차 할 일이 거의 없어 전화를 걸어오는 사람에게 쉽게 시간을 내주었다는 점도 한 가지 이유였다. 아마도 경기가 조금만 더 정상적이었다면 나는 이런 기업인들의 비서조차 만나지 못했을 것이다. 지금까지 내 사업을 하면서 가장 귀중한 고객 가운데 한 명이었고, 아직까지도 그 가족들의 투자 자산을 관리해주고 있는 한 고객이 대표적인 사례가 될 것이다. 이 고객은 나와 인연을 맺은 뒤 여러 해가 지나 이런 이야기를 들려주었다. 내가 그에게 처음으로 전화를 걸었던 날, 마침 그는 할 일이 없어서 신문을 이리저리 뒤적이다가 맨 마지막으로 스포츠 섹션을 다 읽어 내려가던 참이었다. 그런데 비서가 내 이름과 함께 용건을 말하더라는 것이었다. 그는 "이 친구를 만나서 얘기를 들으면 최소한 무료한 시간은 때울 수 있겠군"이라고 생각했다. 그는 나에게 이렇게 털어놓았다. "만약 당신이 1년정도만 지나서 나를 만나겠다고 전화를 걸어왔다면 내 사무실로 들어오지도 못했을 거요."

기초를 다지다

내 사업을 시작한 뒤 몇 해 동안은 아주 좁은 사무실에서 경비를 최대한 줄여가며 열심히 일했다. 창문은 아예 없고, 두 벽 사이에 유리 칸막이로 구획을 그은 내 사무실의 전체 면적은 책상 한 개와 내가 앉을 의자 하나, 그리고 별도의 의자 하나를 겨우 들여 놓을 수 있는 정도였다. 이처럼 좁은 사무실 공간과 함께 시내전화는 무료로 쓸 수 있었고, 비서 업무는 사무실을 함께 쓰는 사람들에게 제공되는 전화 교환원의 도움을 받아 어느 정도 해결할 수 있었다. 그렇게 해서 내가 낸 월 임대료와 관리비는 모두 합쳐 25달러였다. 이밖에 추가로 지출한 비용은 주차비와 우편요금, 이

따금 사용하는 장거리 전화요금이 전부였다. 아직도 보관하고 있는 당시의 회계장부를 보면 새로운 사업을 시작했던 1932년의 상황이 얼마나 힘들었는지 알 수 있다. 장시간의 노동과 함께 아끼고 절약해서 경비를 지출한 뒤 내가 그 해 올린 월평균 순수입은 2.99달러였다. 1933년에도 어려운 시기가 이어졌지만 나는 소액이나마 더 나은 결과를 냈는데, 월평균 29달러가 조금 넘는 순수입을 올려 1000%에 육박하는 순수입 증가율을 기록했다. 사실 이 정도 금액은 내가 거리에서 신문을 팔았더라도 충분히 벌어들였을 만한 돈이었다. 하지만 이 두 해의 경험이 바탕이 돼 나는 미래를 향해 나아갈 수 있었고, 그런 점에서 이 기간은 내 생애에서 가장 알찬 소득을 올렸던 해였다. 이 두 해 동안 나는 정말로 수익성 있는 사업의 기반을 다졌으며, 평생 동안 나를 전폭적으로 신뢰해준 귀중한 고객들을 1935년이 되기 전에 확보할 수 있었다. 경제적으로 더 나은 시기가 찾아올 때까지 기다리지 않고 어려운 시기에 내 사업을 시작하기로 결정한 것은 나의 현명한 판단 덕분이었다고 말할 수 있다면 차라리 나을 것이다. 하지만 실제로는 당시 내가 새로 옮겨갈 수 있는 직장이 워낙 마음에 들지 않는 곳들뿐이어서 어쩔 수 없이 내 사업을 시작하게 됐던 것 같다.

2

실수로부터 배우다

은행에서 일하는 동안 나는 이웃하고 있던 산호세의 두 회사에 관한 뉴스가 나오면 상당한 관심을 갖고 주목했다. 두 회사는 내가 스탠퍼드 대학교 비즈니스 스쿨에 다닐 때부터 무척 마음이 끌렸던 기업이었다. 존 빈 매뉴팩쳐링과 앤더슨-반그로버 매뉴팩쳐링은 1928년 일리노이 주 후퍼스톤에 있는 식료품용 통조림 장비제조 업계의 선두업체 스프라그 셀스 코퍼레이션과 합병해 푸드 머쉬너리 코퍼레이션FMC이라는 새로운 이름의 주식회사를 만들었다.

주식시장에 투기 광풍이 한창 일어날 때는 늘 그렇듯 이런 새로운 회사의 주식이 거래되기 시작하면 수요가 공급을 앞지른다.

당연히 푸드 머쉬너리 코퍼레이션의 주가도 거래 첫 날부터 크게 올랐다. 1928년 한 해 동안 푸드 머쉬너리 코퍼레이션처럼 새로이 주식이 거래되기 시작한 회사는 최소한 20개가 넘었다. 내 기억으로는 아마도 40개쯤 됐던 것 같다. 이들 기업의 주식은 일단 거래가 시작되면 샌프란시스코 증권거래소 소속 증권회사들이 전량 인수해 샌프란시스코 인근 지역의 투자자들을 상대로 팔았다. 회사의 재무 건전성 따위는 전혀 문제가 되지 않았다. 한 증권회사에서는 태평양 건너에서 가져온 생수를 병에 담아서 판매하는 기업의 주식을 팔았는데, 이 증권회사의 간부가 나에게 한다는 말이 주식을 인수한 증권회사조차 이 기업의 대차대조표와 손익계산서 등 정확한 재무제표를 다 구하지 못한 상태에서 주식을 팔고 있다는 것이었다. 이 증권회사가 확보한 것이라고는 생수가 나오는 것으로 보이는 우물의 사진과 개인적으로 이 회사의 대주주를 몇 번 만난 게 전부였다! 이런 상황이다 보니 일반 투자자의 시각으로는 푸드 머쉬너리 코퍼레이션의 주식 역시 그 해의 주식 붐에 편승해 새로 거래되기 시작한 다른 기업들의 주식보다 더 낫지도, 더 못하지도 않은 마찬가지의 주식처럼 보였을 것이다. 푸드 머쉬너리 코퍼레이션 주식은 상장 첫 날 21.50달러에 거래됐다.

당시에는 시세 조종을 위해 공동 세력pool을 구축하는 게 완전히 합법적이었다. 이런 공동 세력을 움직이는 데는 서툴렀지만 아무튼 푸드 머쉬너리 코퍼레이션에 대단한 애정을 가졌던 한 인물이 이끌었던 토착 세력이 이 회사 주가를 "끌어올리기로" 마음먹었다. 이런 세력들이 이용하는 방법이란 기본적으로 유사하다. 같은 세력에 속한 사람들끼리 서로 번갈아 매매하면서 주가를 서서히 끌어올리는 것이다. 이런 작전이 시세에 반영되면 다른 사람들의 눈길을 끌게 되고, 마침내 이들도 매수에 뛰어들기 시작해 시세 조종 세력이 이미 사들인 주식을 더 높은 가격에 매수하게 된다. 시세 조종 능력이 뛰어났던 작전 세력 가운데는 당시 수백만 달러를 버는 경우도 있었는데, 이들 중 하나가 이로부터 1년쯤 지난 뒤 나에게 자기 휘하로 들어와 동업을 하지 않겠느냐고 제안하기도 했다. 이 사람은 다소 의심스러운 기술이기는 했지만 어쨌든 시세 조종에 매우 능숙했고 경험도 많은 인물이었다. 하지만 푸드 머쉬너리 작전 세력의 경우 시세 조종이 진짜 목적은 아니었다. 1929년 가을로 접어들면서 주식시장은 다가올 재앙을 눈앞에 두고 있었지만 작전 세력은 시장에 나온 주식 대부분을 사들이고 있었다. 급기야 푸드 머쉬너리 주가는 50달러 후반대까지 치솟았고, 작전 세력을 제외한 일반 투자자들의 보유 물량은 거의 없어졌다.

기업 활동 전반이 크게 위축되면 대개 그렇듯이 1928년에 주식시장의 흥분된 분위기를 타고 새로 주식 거래를 시작했던 잡동사니 같은 작은 기업들에게 그 다음해에 무슨 일이 벌어졌는지는 쉽게 상상할 수 있을 것이다. 이들 기업은 하나씩 차례로 도산해갔고, 상당수는 대규모 당기순손실을 기록했다. 주식시장에서 이런 종목의 거래는 거의 중단됐다.

하지만 1928년에 새로 거래를 시작한 기업 가운데 푸드 머쉬너리를 포함해 두세 곳은 펀더멘털이 탄탄했고 전망도 괜찮았다. 물론 일반 투자자들은 그 해에 신규 상장된 주식은 예외 없이 쓰레기 같은 기업들이라며 이런 건전한 기업들조차 전혀 차별화하지 않았다. 1932년 주식시장이 최저치를 기록한 뒤 1933년 3월 4일 프랭클린 D. 루즈벨트 대통령의 취임식과 동시에 취해진 미국 은행 시스템의 전면적인 일시 폐쇄로 또 한 번 주식시장이 바닥을 치기까지 푸드 머쉬너리 주가는 4~5달러를 오르내렸고, 한때는 사상 최저치인 주당 3.75달러에 100주가 거래되기도 했다.

투자 기회로서의 푸드 머쉬너리

이제 겨우 새로운 사업을 시작한 나는 1931년 초부터 사업에 도움이 될 만한 기회를 찾기 위해 전력을 기울였고, 푸드 머쉬너리의 상황은 점점 더 매력적인 모습으로 다가왔다. 앞서 소개했듯이 나는 몇 해 전 택시 회사와 광고판 회사의 경영진을 만나보지도 않고, 제대로 검증해보지도 않은 채 투자하는 바람에 투자 원금의 상당 부분을 잃어야 했던 뼈아픈 경험을 잊지 않고 있었다. 나는 다시는 이런 실수를 되풀이하지 않기로 결심한 상태였다. 푸드 머쉬너리의 최고 경영진에 대해 더 많이 알게 될수록 이 사람들이 더욱 존경스럽게 느껴졌다. 대공황의 한가운데였음에도 불구하고 이 회사는 여러 면에서 내가 먼 장래를 내다보며 찾고자 했던 기회의 축소판과 다름없었다. 근 반세기 전에 이런 회사가 나에게 미래의 비전을 보여주었던 요인이 무엇이었는지 설명하는 게 좋을 것 같다.

좀더 부연하자면 안타깝게도 나는 현장을 돌아다니며 깊이 있는 분석을 통해 단기간에 논리적인 결론을 도출해낸다는 투자 방식을 제대로 수행하지 못했다. 사실 이 회사의 최고 경영진은 내가 사는 곳과 다소 멀리 떨어져 있었고, 나는 이들을 만나고 검증하는 작업을 그리 부지런히 하지 못했다.

아무튼 푸드 머쉬너리의 가장 중요한 점은 회사 규모는 비교적 작았지만 그래도 해당 업종에서는 세계 최대 규모였으며, 내가 생각하기로는 이 회사가 운영하는 세 가지 생산라인 각각의 생산성 역시 세계 최고 수준이라는 것이었다. 이 같은 요인은 규모의 경제라는 이점을 가져다 준다. 즉, 대규모 제조업체로서 업계에서 가장 낮은 원가로 공급하는 생산자가 될 수 있는 것이다.

그 다음으로 이 회사의 마케팅 능력은 경쟁자의 입장에서 볼 때 무척 강력했다. 이 회사 제품은 고객들에게 최고 품질로 평가 받았다. 이 회사는 또 자체적인 영업 조직을 갖고 있었다. 더구나 통조림 기계 생산라인은 "확고한" 시장 점유율을 확보하고 있었다. 통조림 제조용 기계는 이미 많은 공장에 설치돼 있었는데, 이 회사에서는 이런 기계에 갈아 끼울 부품과 예비 부속품을 공급했다.

이처럼 든든한 내용 외에도 이 회사를 더욱 매력적으로 보이도록 하는 것이 또 있었다. 이 회사는 규모에 비해 놀라울 정도로 뛰어난 엔지니어 및 연구개발 부서를 운영하고 있었다. 덕분에 수요가 늘어나는 신제품 시장에 딱 맞는 장비들을 연이어 내놓았다. 업계 최초로 선보인 배 껍질 벗기는 기계오- 역시 최초인 복숭아 씨 골라내는 기계, 오렌지 색깔을 인공적으로 입히는 공정 등이 모두 이 회사가 개발한 것들이었다. 한 예로 과즙 생산을 위해 과일을 생산하는 지역의 오렌지는 색깔에 신경을 쓰지 않아 실제로는 다른 종류의 오렌지에 비해 품질이 떨어지지 않았지만 주부들에게는 상대적으로 인기가 없었다. 이 회사가 개발한 오렌지 색깔을 입히는 공정은 이런 수요를 겨냥한 것이었다. 푸드 머쉬너리가 1932년부터 1934년까지 보여주었던 경우처럼 당시 회사 규모와 비교할 때 성공적인 신제품을 잇따라 출시해 잠재적으로 큰 매출을 기록한 기업은 내가 지금까지 사업을 하면서 딱 한 차례 더 보았을 뿐이다.

    여기까지 설명한 요인들이 제아무리 매력적이라 하더라도 그 자체만으로는 큰 성공을 보장해줄 충분한 조건이 되지 않는다는 사실을 나는 경험을 통해 절실하게 배웠다. 이 회사를 이끌어가는 사람들이 어떤 특성을 갖고 있는지가 중요하다. 내가 여기서 "특성"이라는 말을 사용한 이유는 두 가지의 완전히 다른 성격을 함축하고 있기 때문이다. 그 중 한 가지가 비즈니스 능력이다. 비즈니스 능력이란 한 걸음 더 나아가 역시 성격이 다른 두 개의 기술로 나눌 수 있다. 하나는 사업상 일상적으로 해야 하는 업무를 평균 이상의 효율성으로 처리하는 기술이다. 일상적이라는 말은 수

많은 업무를 내포하고 있는데, 보다 효율적으로 생산할 수 있는 방법을 찾아내기 위해 노력하는 것부터 받을어음의 만기일을 꼼꼼히 챙기는 것까지 모두 포함된다. 다시 말하자면 이 같은 운영상의 기술이란 사업을 해나가면서 단기적으로 그때그때 해결해야만 하는 수많은 문제들을 평균 수준 이상으로 처리해나가는 것이다.

하지만 비즈니스의 세계에서 초일류 경영 능력을 갖추기 위해서는 이와는 완전히 다른 또 하나의 기술이 요구된다. 멀리 내다보면서 장래 기업 성장에 큰 역할을 할 청사진을 그려내고, 이와 동시에 치명적인 재난이 될 수도 있는 재무적인 리스크를 없앨 수 있는 능력이다. 많은 기업 경영진들이 이런 두 가지 기술 가운데 한 가지에만 특히 뛰어나다. 그러나 진정한 성공을 위해서는 두 가지 모두 필수적이다.

비즈니스 능력이란 내가 가치 있는 투자를 위해서는 반드시 필요하다고 믿고 있는 두 가지 "인적" 요소 가운데 하나일 뿐이다. 다른 하나는 일반적으로 정직함이라는 단어로 표현할 수 있는데, 기업을 이끌어가는 최고 경영자의 진실성과 도덕성을 모두 포괄하는 것이다. 1929년의 주가 대폭락 사태가 벌어지기 이전에 투자의 세계에 깊이 몸담아 보았다면 이런 정직함이 얼마나 중요한가를 보여주는 생생한 사례들을 수없이 목격했을 것이다. 기업체의 오너나 최고 경영자는 늘 주주보다는 사업상의 일에 더 신경을 쓴다. 만약 어느 기업의 최고 경영자가 자신이 주주로부터 회사 재산을 신탁 받았다는 진실된 마음을 갖고 있지 않다면 머지않아 그 회사의 주주는 마땅히 자신이 받아야 할 몫의 중요한 부분을 잃게 될 것이다. 더구나 자신의 개인적 이익만 챙기는 최고 경영자는, 회사에 충성도가 높으면서도 일에 열정적인 직원들로 구성된 참모진을 키우려고 하지도 않는다. 이런 참모진은 어떤 사업체든 한두 명의 최고 경영자가 통제할 수 없을 정도로 기업 규모가 커지게 되면 절대적으로 필요한 조직이다.

대공황의 깊은 수렁에 빠져있던 그 시절의 상황을 보았을 때나 그 뒤로 한참이 지난 요즘 시각으로 보나 당시 출범한 지 얼마 되지 않았던 푸드 머쉬너리 코퍼레이션은 "인적" 특성이라는 시각에서 보자면 보기 드물 정도로 아주 매력적인 회사였다. 존 빈 매뉴팩쳐링을 창업한 설립자의 사위이자 당시 사장을 맡고 있던 존 D. 크러미는 회사를 매우 생산적으로 경영하는 최고 경영자였으며, 고객과 직원들로부터도 상당한 존경을 받는 인물이었다. 뿐만 아니라 그는 신앙심이 매우 두터운 인물로 높은 도덕성을 지키며 양심적으로 살아가고 있었다. 그는 또한 이 회사의 최고 기술자로서 새로운 개념을 고안하는 데 천재적인 능력을 발휘하고 있었다. 더욱 중요한 것은 이 회사의 제품이 법적으로 특허권에 의해 보호받을 수 있도록 독창적인 생산라인을 설계한 것도 바로 그였다는 점이다. 마지막으로 크러미 사장은 비교적 작은 조직인 이 회사를 더욱 강하게 만들기 위해 자신의 사위인 폴 L. 데이비스에게 회사의 재무상태를 더욱 건전하게 만드는 일을 맡아달라고 설득했다. 폴 데이비스는 원래 다니고 있던 은행에서 이미 보장된 자신의 장래를 포기하기가 싫었다. 그래서 처음에는 장인의 설득에 마지못해 1년간 은행을 휴직하고서 합병으로 인해 어수선한 첫 1년 동안만 가족의 사업을 돕겠다고 했다. 그렇게 1년간 일하면서 그는 회사의 앞날이 매우 밝고 매력적이라는 사실을 알게 됐고, 영원히 이 회사에 머물러 있기로 결심했다. 결국 몇 년 뒤 사장 자리에 오른 그는 회사를 더욱 크고 번창하는 기업으로 이끌었으며 늘 앞서의 성과를 넘어서는 뛰어난 업적을 내놓았다.

이제 푸드 머쉬너리는 우리가 원하는 특성을 내재하고 있는 회사가 되었다. 이런 특성은 투자 대상 기업 가운데 극히 일부에서만 발견할 수 있다. 회사 경영진도 매우 뛰어나다. 하지만 회사의 규모가 작다 해도 이런 일이 단 한 사람의 헌신으로 가능한 것은 아니다. 이런 회사는 경쟁업체들과는 비교할 수 없을 정도로 강력하고, 사업 활동 전반을 제대로 통제하며, 머지않은 장래에 현재의 회사 규모보다 잠재적으로 훨씬 더 큰 생산라인을 새로 갖출 것이다. 비록 새로운 제품 생산이 이익을 창출해내지 못한다 하더라도 이런 회사의 미래는 또 다른 제품들이 있기에 매우 밝은 것이다.

군중과 따로 행동하기

그러나 한 가지 덧붙여야 할 것이 있다. 이것은 투자자가 보기 드문 "대단한 수익"을 거두기 위해 반드시 갖춰야 할 중요한 요소다.

투자의 세계에서 가장 큰 이익은 금융시장을 아는 대부분의 사람들이 이쪽으로 갈 때 혼자만 정확히 올바른 길을 찾아 저쪽으로 가는 사람에게 주어진다. 만약 당시 금융시장이 푸드 머쉬너리의 미래 가능성을 제대로 평가했더라면 1932년부터 1934년 사이에 이 회사 주식을 매수한 사람들이 그 뒤에 거둔 이익은 매우 작았을 것이다. 그 무렵 말도 되지 않는 가격으로 폭락한 이 회사의 주식을 살 수 있었던 이유는 금융시장이나 일반 투자자들 모두 푸드 머쉬너리의 진정한 가치를 인식하지 못했던 데다 이 회사도 주식시장에 투기 광풍이 몰아칠 때 시장에 쏟아져 나온 수많은 "싸구려" 기업 가운데 하나라고 여겨졌기 때문이다. 군중과 함께 휩쓸려 가지 않고, 군중이 이쪽으로 몰려갈 때 자신은 과감히 저쪽으로 갈 수 있게 단련하는 것은 성공하는 투자자의 가장 중요한 기본 덕목 가운데 하나라는 게 내 생각이다.

아직 금융시장에서 제대로 평가 받지 못하고 있는 푸드 머쉬너리 코퍼레이션이 얼마 되지 않았던 내 개인적인 투자와 이제 막 시작한 초기 단계의 내 사업에 어떤 역할을 해줄 것인가를 상상하면서 내가 느꼈던 지적, 감정적 흥분과 전율이 어느 정도였는지 문장으로 옮길 수 있다면 차라리 시원하겠다. 타이밍은 좋은 것 같았다. 무거운 것에 짓눌렸던 스프링이 다시 튀어오르는 것처럼 1933년부터 1937년까지 주식시장은 전반적으로 처음에는 느린 속도로 반등했으나 곧 이어 폭발적인 장세를 연출했고, 1938년에는 큰 폭의 조정을 받았지만 다음해 이를 완전히 회복했다. 나는 푸드 머쉬너리가 시장 전체 수익률보다 훨씬 더 높은 수익률을 거둘 것이라는 확신이 있었기 때문에 내가 설득할 수 있는 고객들에게 전부 이 회사 주식을 사주었다. 나는 내가 만날 수 있는 잠재적인 고객들에게 이번 일이 잘 되는가의 여부가 내 투자 방식의 성패를 가늠하는 열쇠가 될 것이라고 이야기했다. 나는 이것이 바로 셰익스피어가 아주 적절히 표현했듯이 평생에 단 한 번 올 수 있는 기회라고 느꼈다. "인간사에는 조류라는 것이 있어 시류를 잘 붙잡으면 큰 행운으로 이어질 수 있다." 이 시기는 이처럼 흥분과 함께 꿈은 컸지만 내 지갑은 얇았고, 증권업계에서 내 이름도 전혀 알려지지 않은 상태였다. 그럴수록 나는 시간이 날 때마다 내 결의를 더욱 다지기 위해 셰익스피어의 구절을 혼자서 되뇌었다.

반대로, 그러나 올바르게

투자 분야에서 기존의 견해와는 반대되는 의견을 갖는다는 게 얼마나 중요한지 강조하는 글들은 많다. 그러나 반대되는 의견을 갖는다는 것만으로는 충분치 않다. 나는 일반적인 사고의 흐름과는 무조건 거꾸로 가야 한다는 생각에 사로잡혀 그것의 본래 의미가 무엇인지 전혀 이해하지 못하는 투자자들을 많이 보았다. 투자에 관한 일반적인 흐름에서 벗어나 이와 반대 방향으로 갈 때는 반드시 자신의 판단이 정확하다고 확신, 또 확신하고 있어야 한다. 하나의 예를 들어보자. 자동차가 전차를 대체할 것이 거의 분명해지면서 한때 인기 높았던 시내전차 회사의 주식이 아주 낮은 주가수익 비율로 팔리기 시작했다. 이럴 때 무조건 반대되는 입장에 서겠다며, 모두가 하락할 것이라고 생각하므로 현재 주가가 바닥권에 있는 전차 회사의 주식이 매력적이라고 생각해 매수에 나선다면 값비싼 대가를 치를 것이다. 주식시장 참여자들 대부분이 이쪽으로 갈 때 고집스럽게 저쪽으로 가면 놀라운 투자 이익이 돌아오는 경우가 자주 있지만 이것은 자신이 가는 방향이 정확하다는 확실하면서도 강력한 근거를 갖고 있다는 것을 전제로 한다.

앞서 소개한 셰익스피어의 구절이 이 문제에 관한 나의 접근 방식을 정립하는 데 결정적인 역할을 했다면 약간 이상하게 들릴지도 모르겠다. 하지만 제1차 세계대전 당시 인기 있었던 노래 구절도 이와 비슷했다. 지금은 기억하는 사람이 거의 남아있지 않겠지만 전쟁이 한창 치열했던 1918년의 미국 내 분위기를 나는 아직도 기억한다. 당시 미국인들은 전쟁에 따른 흥분과 열기 속에서 그저 순진하기만 했고, 누구나 전쟁의 공포를 분명히 느낄 수 있었던 제2차 세계대전 때와 같은 두려움은 전혀 찾아볼 수 없었다. 사망자와 부상자에 관한 뉴스나 이들이 전선에서 겪었던 끔찍한 공포의 순간 등은 1918년까지도 미국 대륙에 퍼져나가지 않은 상태였다. 이로 인해 당시 대중음악은 아주 즐겁고 유머러스한 전쟁 노래로 가득했는데, 사실 이런 유쾌한 노래는 제2차 세계대전 때는 몇 곡밖에 불려지지 않았고, 베트남 전쟁 때는 아예 나오지도 않았다. 이런 노래 대부분은 피아노로 연주하는 한 장짜리 악보로 돼 있었다. 이 가운데 하나는 한 어머니가 자랑스러운 표정으로 군인들이 행진하는 모습을 내려다보는 사진을 악보 표지에 인쇄한 것이었는데, 제목은 "전부들 발이 틀렸네, 짐만 빼고는They're All Out of Step But Jim"이라는 곡이었다.

나는 맨 처음부터 "발이 틀리는" 위험을 감수하고 달리려 한다는 점을 알고 있었다. 푸드 머쉬너리를 비롯해 내가 매수한 다른 여러 회사의 주식은 대개 너무 앞서나간 것들이었다. 왜냐하면 일반 투자자는 이들 회사의 본질적인 매력을 전혀 인정하지 않았기 때문이다. 내 생각이 완전히 틀렸거나 다른 투자자들의 생각이 맞았을 수도 있다. 그렇다 하더라도 나의 고객들이나 나 자신에게 이보다 더 나쁜 일은 특정한 상황에 대한 나의 잘못된 확신을 그대로 몰고 가는 것이다. 대다수 투자자들이 이쪽으로 갈 때 나는 저쪽으로 갔는데 나의 이런 판단이 틀렸다면, 더구나 이런 상황에서 계속 고집을 부린다면 내가 관리하는 펀드의 상당한 금액은 상당한 기간 동안 아무런 수익도 내지 못할 것이기 때문이다.

그러나 앞서 설명한 것처럼 나는 남들이 이쪽으로 갈 때 저쪽으로 가서 이익을 얻을 수 있는지에 대해 철저하게 따져보았다. 이와 동시에 저쪽으로 가는 게 맞다는 것을 확신할 수 있는 계량적인 수단을 갖고 있었다는 점이 나에게는 결정적이었다.

인내와 투자 수익률

마음속에 이런 생각을 품고서 나는 "3년 원칙"이라고 이름 붙인 나름대로의 투자 원칙을 세웠다. 나는 고객들에게 내가 어떤 기업의 주식을 매수하면 절대로 한 달이나 1년간의 성과로 판단하지 말고 3년의 시간을 달라고 수없이 되풀이해서 설명했다. 만약 내가 이 기간 동안 고객들에게 만족스러운 성과를 내주지 못한다면 그들은 나와 맺은 투자 자문 계약을 해지할 것이다. 첫 해에 성공적인 수익률을 거두느냐, 아니면 실망스러운 수익률을 거두느냐는 다른 일과 마찬가지로 상당 부분 운에 달려 있다. 나는 지금까지 개별 주식들을 관리하면서 이 원칙을 한결같이 지켜왔다. 딱 한 번 예외가 있었을 뿐이다. 매수한 지 3년이 지난 주식이 앞으로도 계속 수익률이 좋지 않을 것이라는 강한 확신이 있다면 나는 그 종목을 팔 것이다. 어느 종목을 매수했는데 1~2년 동안 시장 평균 수익률보다 낮은 수익률을 기록했다면 나도 편치 않을 것이다. 하지만 내가 이 주식을 처음 매수할 때 가졌던 당초의 내 시각을 변화시킬 어떤 일도 벌어지지 않았다면 나는 적어도 3년은 계속해서 보유할 것이다.

1955년 하반기에 나는 그 이전까지 한 번도 투자해본 적이 없었던 두 회사의 주식을 꽤 많이 매수했다. 내가 이들 두 종목에 투자한 것은 대다수 투자자들이 갖고 있는 통념과 반대되는 투자를 할 경우 무슨 문제점과 유리한 점이 발생할 수 있는지를 보여주는 고전적인 사례가 될 것이다. 지금 돌아보면 1955년은 "전자 기업 주식의 첫 번째 황금기"라고 이름 붙일 만한 근 15년간에 걸친 시기의 출발점이었다. 내가 여기서 "첫 번째"라는 단어를 사용한 것은 혹시라도 있을 혼동을 피하기 위해서다. 내가 생각하기에 "반도체 주식의 황금기"가 목전에 와 있으며, 1980년대가 그렇게 되지 않을까 싶다. 어쨌든 1955년 이후 대다수 투자자들은 일련의 전자 업체들에게 이끌리기 시작했는데, 이들 기업의 주가는 1969년까지 가히 폭발적인 상승률을 기록했다. 아직도 기억할 수 있는 몇몇 회사를 꼽자면 IBM과 텍사스 인스트루먼트, 배리안, 리튼 인더스트리즈, 암펙스 등이 있다. 하지만 1955년까지도 이들 종목은 전부 대중들의 관심 밖에 있었다. 당시 IBM을 제외하고는 이들 종목 모두가 매우 투기적인 주식으로 여겨졌고, 기관 투자가나 보수적인 투자자들의 주목을 받지 못했다. 그러나 나는 부분적으로나마 앞으로 무슨 일이 벌어질 것인가에 대한 느낌이 있었고, 그래서 1955년 하반기에 텍사스 인스트루먼트와 모토로라 두 종목을 꽤 많이 매수했다.

텍사스 인스트루먼트는 현재 세계 최대의 반도체 생산업체로 성장했고, 모토로라는 텍사스 인스트루먼트에 약간 못 미치는 2위 업체가 됐다. 당시만 해도 반도체 업계에서 모토로라의 입지는 무시해도 될 정도였다. 사실 내가 모토로라 주식을 살 때도 그 부분은 전혀 중요한 요인이 되지 않았다. 오히려 나는 모토로라의 임직원들에게서 깊은 인상을 받았고, 모토로라가 앞으로 무궁무진한 잠재력을 발휘할 수 있는 무선 통신 사업 분야에서 지배적인 지위를 차지하고 있다는 점을 높이 샀다. 반면 금융시장에서는 모토로라를 그저 또 하나의 텔레비전 및 라디오 제조업체 정도로만 평가하고 있었다. 반도체 시대가 시작되면서 모토로라가 곧바로 비상하게 된 것은 부분적으로 다니엘 노블 박사를 영입한 결과이기도 했지만 아무튼 그것은 내가 이 회사의 주식을 매수하고 나서 한참 뒤에 일어난 일이고, 사실 내가 매수할 당시까지는 전혀 기대하지도 않았던 횡재였다. 텍사스 인스트루먼트의 경우 내가 이 회사 주식을 매수하게 된 데는 임직원들에 대한 호감과 존경심 외에 전혀 다른 믿음이 있었기 때문이다. 나 역시 다른 사람들처럼 인간의 천재성이 복잡한 반도체 문제를 해결할 것이며, 따라서 이 회사의 트랜지스터 사업은 무한한 가능성을 지니고 있다고 생각했다. 나는 이 회사 사람들이라면 적어도 제너럴 일렉트릭이나 RCA, 웨스팅하우스와 비슷한 조건으로, 혹은 더 나은 조건으로 경쟁할 수 있을 것이라고 믿었다. 물론 많은 사람들은 나를 향해 그렇게 작은 "투기적인 회사"는 거대 기업들과의 경쟁에서 살아남기 힘들 텐데 굳이 왜 위험을 무릅쓰고 투자하느냐고 비난했다.

내가 주식을 매수한 두 회사의 단기적인 투자 성과는 완전히 달랐다. 텍사스 인스트루먼트의 주가는 1년도 채 되지 않아 매우 큰 폭으로 올랐다. 반면 모토로라는 내가 매수한 가격보다 5~10% 떨어진 수준에서 한동안 등락을 거듭했다. 모토로라의 수익률이 워낙 형편없다 보니 내 주요 고객 가운데 한 명은 너무 화가 나서 절대 모토로라라는 이름을 입에 올리지 않을 정도였다. 이 고객은 모토로라를 "당신이 내게 사준 그 바보 같은 놈"이라고 불렀다. 모토로라의 부진한 주가 흐름은 1년이 좀 넘게 이어졌다. 그러나 모토로라의 통신 사업부문 투자가 얼마나 중요한 것인지 투자 업계에서도 서서히 인식하기 시작한 데다 반도체 시대로 전환하는 조짐이 나타나자 주가는 가히 전례가 없을 정도의 급격한 상승세를 나타냈다.

모토로라 주식을 매수하는 동안 나는 한 대형 보험회사 측에다 모토로라의 최고 경영진에 대해 잘 알아보면 내가 처음 이 회사를 방문한 뒤 내렸던 결론에 무척 흥미를 느끼게 될 것이라고 이야기해두었다. 얼마 되지 않아 이 보험회사는 꽤 많은 물량의 모토로라 주식을 매수했고, 여느 때처럼 뉴욕의 한 투자은행에 자신이 보유하고 있는 전체 포트폴리오의 평가를 의뢰했다. 투자은행에서는 모토로라만 제외하고 이 보험회사의 포트폴리오 자산을 가장 주목되는 자산, 비교적 덜 주목되는 자산, 가장 주목되지 않는 자산, 이렇게 세 그룹으로 나눴다. 그런데 모토로라는 어느 그룹에도 포함시키지 않았다. 이런 회사를 평가하느라 시간을 낭비할 필요가 없다는 이유에서였다. 따라서 모토로라에 대해서는 아무런 의견도 제시하지 않았다. 하지만 이로부터 3년 뒤 보험회사의 한 임원이 나에게 이런 말을 해주었다. 사실상 매우 부정적이라고 할 수 있는 월스트리트의 그 같은 견해를 받아본 순간에도 모토로라는 자기네 보험회사의 포트폴리오에 포함된 어떤 주식보다 높은 수익률을 기록하고 있었다는 것이다! 만약 내가 정해놓은 "3년 원칙"이 없었다면 시장 수익률이 좋지 않았을 때, 특히 고객들로부터 비난을 받았을 때 모토로라 주식을 꿋꿋하게 지켜내지 못했을지도 모르겠다.

모든 규칙에는 예외가 있다, 하지만 많지는 않다

내가 앞서 소개한 3년 원칙 때문에, 그러니까 어느 기업의 주식을 매수한 다음 3년간 보유했지만 끝내 수익률이 좋지 않아 매도했는데 곧바로 이 주식이 큰 폭으로 올라 뒤늦게 후회한 적은 없었을까? 사실 내가 다른 이유 없이 오로지 3년 원칙 때문에 주식을 매도한 경우는 비교적 드물었다. 물론 내가 매수한 주식이 당초 예상했던 대로 전부들 크게 올랐기 때문에 그렇게 된 것은 아니었다. 대부분의 경우 추가적인 상황 변화를 면밀히 추적하다 보니 그 회사를 바라보는 통찰력 같은 것이 생겨났고, 이런 통찰력이 그 주식을 바라보는 내 시각을 바꾸어버린 것이었다. 그러나 앞서 말한 것처럼 어떤 종목을, 3년간 부진한 수익률을 낸 것 외에 다른 이유는 하나도 없이 오로지 3년 원칙이 다 됐다고 해서 팔았는데, 곧 이어 주가가 돌변해 그 주식을 보유했었더라면 하고 후회한 적은 단 한 번도 없다.

그렇다면 나 자신이 세운 3년 원칙을 위반한 적은 없었을까? 대답은 있었다는 것이다. 딱 한 번 있었다. 그것도 3년 원칙을 세운 뒤 한참 후의 일로 1970년대 중반에 그랬다. 3년쯤 전에 나는 로저스 코퍼레이션 주식을 매수하기 시작해 상당한 지분을 보유했다. 로저스는 폴리머(중합체) 화학 분야의 전문 회사였다. 나는 이 회사가 다양한 제품들을 개발하고 있으며, 이들 제품은 사실상 독점적인 것으로 한두 해 정도가 아니라 오랜 세월에 걸쳐 이 회사의 매출을 비약적으로 늘려줄 것이라고 확신하고 있었다. 하지만 매수 후 3년이 지났지만 이 회사의 주가는 떨어졌고 순이익도 감소했다. 그러나 이번 한 번만은 내가 세운 기준을 무시하고 "모든 규칙에 수반하는 예외"로 만들어보자는 생각이 들도록 하는 요소들이 한두 가지가 아니었다. 그 중 하나가 이 회사의 사장인 노먼 그린 면에 대한 강한 직감 같은 것이었다. 나는 그가 범상치 않은 능력의 소유자라고 믿었다. 그는 특히 이 정도의 문제는 이미 꿰뚫어 볼 수 있는 냉정한 판단력과 함께 현명한 투자자에게는 가장 중요한 덕목을 갖고 있는 인물이었다. 그는 좋지 않은 뉴스가 반복되어도 이를 숨기지 않을 만큼 정직했다. 이런 뉴스는 회사에 치명적인 것은 아니었지만 그의 입장에서는 직접 말한다는 것 자체가 매우 껄끄러운 일이었는데도 말이다. 그는 자신의 회사에 관심을 갖고 있는 사람들은 잠재적으로 좋은 일들뿐만 아니라 지금 일어나고 있는 좋지 않은 면에 대해서도 모두 알아야 한다고 생각했다.

내가 3년 원칙을 무시하게 된 또 다른 요인이 있었다. 이 회사의 이익이 그렇게 형편없었던 이유는 로저스가 향후 천문학적인 매출 증대 효과를 가져다 줄 것으로 기대되는 단 한 가지의 신제품 개발에 너무 과다한 금액을 지출했기 때문이었다. 이로 인해 회사의 다른 신제품은 잠재적인 발전 가능성이 컸음에도 불구하고 인력과 자금이 제대로 투입되지 못하는 결과를 낳았다. 모든 노력을 기울였던 한 가지 신제품 개발을 결국 포기하는 뼈아픈 결정이 내려지자 얼마 지나지 않아 다른 수많은 혁신적인 제품 개발이 본격화하기 시작했다. 그러나 이 모든 것에는 시간이 필요했다. 어쨌든 회사 입장에서는 신제품 개발을 기대하고 주식을 샀던 주주들의 기대에 어긋난 셈이 됐고, 그로 인해 주가는 매출액이나 순자산, 그리고 신제품 개발이 없었다면 달성했을 정상적인 순이익 규모에 비해 턱없이 낮은 수준으로 떨어졌다. 이런 경우가 바로 군중들이 모두 이쪽으로 갈 때 저쪽으로 가야 하는 고전적인 사례다. 따라서 나로서는 3년 원칙을 지키느냐 마느냐 하는 기로에 서게 됐다. 나는 고객들과 나의 주식 보유량을 오히려 더 늘렸다. 물론 일부 고객은 몇 년이나 기다렸지만 수익률이 저조하다는 점 때문에 의심어린 눈초리로 지켜봤다. 이런 상황이 벌어지면 대개 그렇듯 국면 전환은 순식간에 이뤄졌다. 순이익의 향상은 한두 해에 그치지 않을 것이라는 게 너무나 분명했다. 특히 장기간에 걸친 고속 성장의 기반을 마련했다는 강한 신호와 함께 주가는 계속해서 상승세를 이어갔다.

시장 타이밍의 실험 결과

그러나 지금까지의 이야기는 훨씬 뒤에 일어난 일들이고, 1930년대로 다시 거슬러 올라가자면 나의 투자 철학이 모양새를 갖춰가는 가운데 시행착오를 통해 많은 것들을 배워야 했다. 젊은 시절 주식 투자를 통해 돈을 벌 수 있는 방법을 모색하던 중에 나는 앞서 소개한 푸드 머쉬너리 코퍼레이션의 분석 결과 뭔가 귀중한 부산물을 발견했다는 사실을 알게 됐다. 푸드 머쉬너리 주식을 매수한 나의 결정이 옳은 것이라는 확신을 갖기 위해서는 과일 및 채소 통조림 산업에 대해서도 충분히 파악해야 했다. 그 과정에서 나는 전혀 예기치 않게 과일 및 채소 통조림 회사의 수익성에 영향을 미치는 요인들에 대해 많은 것을 배우게 됐다. 이 산업은 경제 전체의 경기 변동뿐만 아니라 곡물 수확에 결정적인 역할을 하는 변덕스러운 날씨 변동에도 큰 영향을 받는다.

통조림 산업의 특성을 어느 정도 파악하게 되자 나는 돈을 버는 데 이 지식을 활용해보기로 결심했다. 다만 푸드 머쉬너리의 경우처럼 장기 투자를 통해서가 아니라 단기 매매를 통해 이익을 내고자 한 것이었는데, 당시 단일 회사로는 최대의 과일 및 채소 통조림 회사였던 캘리포니아 패킹 코퍼레이션 주식이 매매 대상이었다. 나는 대공황이 정점이었던 1932년부터 1930년대 말까지 세 차례에 걸쳐 이 회사 주식을 매수했고, 매번 이익을 남기고 팔았다.

그 자체로만 따지면 이렇게 해서 꽤 괜찮은 수익을 올린 것처럼 들릴지도 모르겠다. 하지만 나중에 간단히 그 이유를 설명하겠지만 전혀 그렇지 않았다. 이로부터 몇 년 뒤 나는 사업을 하면서 내가 현명하게 처신했던 경우와 어리석게 행동했던 경우를 냉정하게 분석해보았는데, 캘리포니아 패킹 주식의 단기 매매는 정말 너무나도 바보 같은 짓이었다는 생각을 지울 수 없었다. 이 주식을 거래하는 데 너무나 많은 시간과 노력을 들였고, 이를 다른 데 쏟았다면 훨씬 더 나은 결과를 얻었을 것이었다. 더구나 내가 부담한 리스크에 비해 내가 얻은 이익은 아무것도 아니었다. 푸드 머쉬너리를 비롯해 내가 장기적인 투자 수익을 위해 매수한 뒤 수 년 이상씩 상당한 기간 동안 보유한 뒤 고객들에게 돌려준 이익에 비하면 더욱 그랬다. 나는 또 단기 매매의 속성에 대해 잘 알고 있었다. 아주 영리한 사람들이 한다 할지라도 마찬가지다. 단기 매매란 세 번쯤 연속해서 성공을 거두게 되면 네 번째는 결국 큰 손실로 연결될 가능성이 아주 높다. 단기 매매에 따르는 리스크는 몇 년간에 걸친 장기적인 성장을 예상하고 충분한 이익이 날 때까지 보유하고자 하는 주식을 매수하는 것에 비해 훨씬 더 크다. 그렇게 해서 지금의 내 투자 철학이 큰 틀을 갖추게 된 시점인 제2차 세계대전이 끝날 무렵 나는 이후의 내 사업에 매우 귀중한 역할을 하게 될 결정을 내렸다. 내 모든 노력을 오로지 장기간에 걸쳐 큰 이익을 얻는 데 쏟기로 한 것이다.

작은 주가 차이에 연연하다 큰 기회를 놓친다

1930년대에 나는 잊지 못할 중요한 교훈을 얻었다. 완벽할 정도는 아니었더라도 적어도 부분적으로는 배웠다고 할 수 있다. 1929년에 시작된 주가 대폭락기를 정확히 예상했으면서도 이로부터 아무런 이득도 보지 못하고 오히려 철저히 실패했던 이야기는 앞서 소개했다. 주식 투자를 할 때는 제아무리 이 세상에서 제일 정확한 판단을 내렸다 하더라도 실제로 이를 행동에 옮기기 전까지는 아무런 이득도 되지 않는다. 내 사업을 처음 시작했을 무렵은 대공황의 어두운 그림자가 드리워져 있을 때라 당시에는 아주 적은 금액도 소중하게 다뤄졌다. 아마도 이런 이유 때문에, 어쩌면 나의 개인적인 성격 때문에 그런 것일 수도 있겠지만 나는 사업 초기에 "8분의 1달러나 4분의 1달러"(뉴욕증권거래소에서는 주식 매매 시 호가를 1센트 단위로 해서 거래하기도 하지만 전통적으로 4분의 1달러나 8분의 1달러, 16분의 1달러, 32분의 1달러 단위로 거래한다. 그러나 전자거래로 주식을 매매하는 나스닥 시장 같은 증권거래소에서는 1센트 단위로 거래하는 게 더 일반적이다-옮긴이)를 놓고 늘 나 자신과 씨름해야 했다. 나보다 주식 거래에 관해 훨씬 더 많이 알고 있던 증권 중개인들은 나에게 앞으로 주가가 수 년 안에 몇 배로 오를 것이라고 믿는다면 그 주식을 10달러에 매수하든 10과 4분의 1달러에 매수하든 별 차이가 없을 것이라고 말해주었다. 하지만 나는 계속해서 지정가격으로 주문했다. 내가 이처럼 지정가격으로 주문한 이유라고 해봐야 내 마음대로 생각한 가격, 가령 10과 8분의 1달러 이상은 절대로 지불할 수 없다는 자의적인 판단 외에는 없었다. 논리적으로 봐도 이것은 우스운 일이었다. 나는 사실 이런 주문 방식이 나를 비롯한 많은 사람들에게 아주 뿌리깊은 나쁜 투자 습관이지만 모든 사람들이 다 그런 것은 아니라는 사실을 이미 알고 있었다.

자신의 임의대로 주문가격을 한정할 경우 어떤 잠재적인 위험을 초래할 수 있는가는 우연히 다른 사람이 이런 실수를 저지르는 것을 목격하면서 명백해졌다. 나는 그 일을 마치 어제 일처럼 생생하게 기억한다. 그날 나는 샌프란시스코 은행 앞을 걸어가고 있었는데 예기치 않게 내게 중요한 고객 한 명과 마주쳤다. 나는 이 고객에게 지금 방금 푸드 머쉬너리 코퍼레이션을 방문하고 돌아가는 길이라며, 이 회사의 전망은 더할 나위 없이 밝으니 이 회사 주식을 추가로 매수해 보유 물량을 늘려야 한다고 이야기했다. 그는 나의 말에 흡족해 하면서 그날 오후 그 회사 주식의 종가가 어떻게 되느냐고 물어왔다. 나는 34.50달러라고 대답해주었다. 그는 상당히 큰 물량을 추가로 매수하겠다면서, 그러나 반드시 33.75달러 이하로만 매수하라고 요구했다. 이 회사 주식은 그 다음날과 또 그 다음날까지 그의 매수호가보다 정말 약간 높은 가격에서 오르내렸다. 그의 매수 호가 밑으로는 떨어지지 않았다. 나는 그에게 두 차례나 전화를 걸어 0.25달러만이라도 매수 호가를 올려주면 그 주식을 살 수 있을 것이라고 말했다. 그러나 안타깝게도 그의 대답은 바뀌지 않았다. "안 됩니다. 그게 내 가격입니다." 이 주식은 불과 몇 주만에 50%이상 주가가 올랐고, 나중에 주식 분할까지 이뤄져 그 후 이 회사 역사를 통틀어 나의 고객이 고집을 부렸던 매수 호가 이하로는 끝내 단 한 차례도 떨어지지 않았다.

내 고객의 이런 행동은 나 자신의 어리석음에서는 얻지 못했던 분명한 깨달음을 가져다 주었다. 나는 점차 내가 가진 나쁜 투자 습관을 극복하기 시작했다. 물론 엄청난 물량의 주식을 매수하고자 한다면 이런 식으로 8분의 1달러나 4분의 1달러의 호가 차이 문제를 완전히 무시할 수는 없다. 이런 매수자의 경우에는 근소한 주가 차이라 할지라도 그가 치러야 할 전체 금액에서는 큰 차이를 야기할 수 있기 때문이다. 그러나 대다수 주식 거래의 경우 이처럼 작은 호가 차이에 매달려 고집을 피운다면 상당히 큰 대가를 치를 수 있다. 내 얘기를 다시 하자면 매수할 때는 이 문제를 완벽하게 극복했지만 매도할 때는 아직도 불완전하다. 몇 해 전에도 한 차례 작은 물량의 매도 주문을 내면서 시장가격이 아니라 지정가격으로 했는데, 이로 인해 정확히 4분의 1달러 차이로 매도 기회를 놓쳐버렸다. 지금 이 글을 쓰고 있는 현재 이 종목의 주가는 내가 매도 주문을 냈을 당시보다 35%나 떨어진 상태다. 나는 이렇게 떨어지는 동안 처음에 매도 주문을 냈던 지정가격과 현재 주가 간의 중간쯤에서 일부를 팔았을 뿐이다. 그나마 이 종목의 보유 물량이 많지 않은 것이 다행이다.

3

투자 철학의 성숙

내가 투자 철학을 발전시켜나가는 과정에서 미국의 제2차 세계대전 참전이 결정적인 역할을 했다고 할 수는 없지만 그렇다고 아무런 의미도 없었던 것은 아니다. 1942년 초 나는 미 육군 항공대의 보병 장교로 근무하며 부대의 여러 가지 경제 관련 업무를 처리하기 시작했다. 그 후 3년 6개월간 나는 조국을 위해 그리 대단한 일도 수행하지 않으면서 단지 내 사업으로부터 "떨어져" 있었다. 물론 나이가 든 요즘에야 나라를 위해 큰 일을 했다고 말하곤 한다. 히틀러의 군대든, 히로히토 천황의 군대든 단 한 명도 내가 방위했던 관할구역 안으로는 발을 들여놓지 못했으니까. 내가 근무했던 곳은 아칸소와 텍사스, 캔자스, 네브라스카 주였다! 아무튼 미군 복장을 하고 책상에 앉아 일을 보던 그 시절은 뚜렷하게 경계선이 있는 것은 아니지만 분명히 다른 두 기간으로 나눌 수 있다. 한동안은 할 일이 너무 많아 평화가 찾아오면 재개할 내 사업에 대해 생각할 겨를조차 없었다. 그런데 그 뒤로는 거의 하는 일도 없이 책상에 우두커니 앉아 있곤 했다. 막상 군대 생활이 느슨해지다 보니 늘 그때그때 처리해야 하는 부대의 문제나 개인적인 업무를 생각하기 보다는 앞으로 군복을 벗고 맞이할 행복한 날이 찾아오면 어떤 식으로 내 사업을 다시 일으켜 세울지 구체적인 계획을 짜보는 일을 생각해도 별로 죄책감이 들지 않았다. 나의 투자 철학이 점차 지금의 모양새를 갖춰갔던 시기가 바로 이 두 번째 기간이었다. 또 앞서 소개했던 것처럼 캘리포니아 패킹 주식을 대상으로 단기 매매의 실익을 실험해본 결과 타이밍에 맞춰 단기적인 매수와 매도 거래를 해봐야 비전이 없다는 결론을 내린 것도 이 무렵이었다.

이 기간 중에는 특히 내가 제대 후 사업을 하면서 꽤 중요한 결과를 낳은 두 가지 결정을 내리기도 했다. 전쟁 발발 이전까지 나는 거의 모든 부류의 고객들을 상대했다. 투자 금액이 크든 적든 모두 받아주었다. 고객들의 투자 목적도 제 각각이었다. 그런데 내 사업의 전부는 아니지만 핵심적인 부분은 최소한 앞으로 몇 년 동안 평균 이상의 돋보이는 성장을 이어갈 것으로 예상되는 특별한 기업을 발견하는 것이었다. 그래서 나는 전쟁이 끝난 뒤 내 고객의 숫자를 투자 금액이 큰 소수의 투자자로 한정했다. 고객들의 투자 목적도 오로지 성장주 투자에 집중할 수 있는 투자자로 범위를 좁혔다. 성장주 투자는 장기 보유를 통한 절세節稅라는 측면에서도 고객들에게 더 유리할 수 있었다.

　내가 내린 또 하나의 결정은 전후 시대에는 화학 산업이 본격적인 성장 궤도로 접어들 것이라는 예상이었다. 따라서 민간인으로 복귀한 뒤 우선적으로 해야 할 일은 가장 매력적인 화학 기업을 발굴해 이 회사 주식을 내가 운용하는 펀드의 주요 종목으로 편입시키도록 노력하는 것이었다. 사실 내가 사업을 재개한 뒤 처음 1년간 100%의 시간을 여기에 할애했던 것은 아니지만 상당히 많은 시간을 들여 이 복합적인 산업의 속사정을 잘 알고 있는 사람들을 찾아 다니며 이야기를 나누었다. 이런 사람들 가운데는 대형 화학 기업 한두 곳의 제품들을 책임졌던 유통업자, 화학 사업을 하는 기업인들과 매우 친하게 지냈던 화학 전공 교수, 심지어 여러 화학 제품 제조공장을 건설한 경험이 있는 대형 건설업체 임직원들까지 있었는데, 이들 모두는 내가 화학 산업에 관한 지식을 쌓아가는 데 아주 큰 자산이었다. 이들에게서 얻은 지식과 각종 재무 정보에 대한 분석을 종합해 투자 후보 기업을 세 개로 압축하는 데는 3개월밖에 걸리지 않았다. 그러나 이때부터 작업은 느려졌고 내 결정도 어려워졌다. 마침내 1947년 봄 나는 다우 케미칼 컴퍼니를 나의 최종 투자 대상 기업으로 결정했다.

많은 것들이 모여 강한 하나를 만들다

장래성 있는 수많은 화학 기업 가운데 굳이 다우 케미칼을 선택한 데는 여러 가지 이유가 있었다. 이런 이유들을 하나씩 열거하는 것도 의미 있는 일이 될 것이다. 바로 이런 것들이 비교적 소수의 투자 대상 기업에서 내가 어떤 특징을 찾고자 했는지 분명하게 보여줄 것이기 때문이다. 다우 케미칼이라는 회사 조직의 다양한 계층에서 일하는 여러 사람들을 만나기 시작하면서 나는 매우 주목할 만한 사실을 발견했다. 이 회사가 본격적으로 성장하기 시작하자 이번에는 거꾸로 여러 계층의 경영진이 아주 진지하게 흥분을 느끼게 됐다는 점이다. 앞으로 회사가 더욱 크게 성장하리라는 믿음이 조직 전체에 넘쳐 흘렀다. 나는 어떤 최고 경영자든 처음 만나 대화를 나눌 때면 가장 즐겨 묻는 질문이 하나 있다. "당신의 회사가 직면해 있는 장기적으로 가장 중대한 문제가 무엇이라고 생각하느냐?"가 그것이다. 내가 다우 케미칼의 사장에게 이 질문을 던졌을 때 그가 내놓은 대답을 듣고서 나는 깊은 인상을 받았다. "우리가 훨씬 큰 조직으로 성장함에 따라 점점 더 군대를 닮아가려는 기운이 강해지고 있습니다. 그러나 여기에 굴복해서는 안 됩니다. 직급이 전혀 다르고, 서로 다른 부서에서 일하는 직원들끼리도 전혀 형식적이지 않은 방식으로 대화를 유지하되 경영 관리에 혼란을 일으키지는 않는 그런 비공식적인 인간관계를 계속 유지해야 합니다."

나는 이 회사의 다른 기본적인 정책 방향에 대해서도 전적으로

동의하게 됐다. 다우 케미칼은 화학 제품 생산라인을 자신들이 그 분야에서 가장 효율적인 생산자거나 그렇게 될 만한 충분한 기회를 갖고 있는 제품으로 한정했다. 다우 케미칼은 따라서 해당 제품의 최대 생산자였고, 더 나은 화학 기술 공정과 더 깊은 화학 지식을 갖고 있는 기업이었다. 다우 케미칼은 선두 기업이 되기 위해서뿐만 아니라 선두 자리를 지키기 위해서도 창조적인 연구개발이 필요하다는 점을 절감하고 있었다. 다우 케미칼 조직에는 또한 "인적 요소"를 매우 중시하는 분위기가 있었다. 뛰어난 능력을 가진 인재를 조기에 발굴해야 한다는 필요성을 공감하고 있었고, 회사의 모든 인재들에게 다우 케미칼 특유의 정책과 절차들을 가르쳐 주었다. 게다가 처음에는 똑똑한 직원처럼 보였지만 특정 업무를 제대로 처리하지 못하는 직원이 있을 경우 이들이 자신의 특성을 보다 잘 발휘할 수 있는 다른 일을 할 수 있도록 새로운 기회를 제공하기 위해 노력했다.

다우 케미칼의 창업자인 허버트 다우 박사는 이미 17년 전에 세상을 떠났지만 나 자신도 가끔씩 그가 남긴 말을 인용할 정도로 그는 정말 대단한 신념을 지닌 인물이었다. 그가 남긴 말은 물론 직접적으로는 다우 케미칼 내부의 일을 염두에 두고서 한 것들이지만 이 가운데 적어도 두 가지는 나 자신의 투자 사업에도 똑같이 적용해야겠다고 결심했다. 다시 말해 다우 케미칼 내부의 문제에 적용하듯이 최적의 투자 대상을 선정하는 데도 똑같이 적용할 수 있다는 말이다. 그 중 하나는 이런 것이다. "실수를 저지르지 않은 직원은 승진시키지 말라. 만약 이런 직원을 승진시킨 다면 아무 일도 하지 않은 사람을 승진시키는 결과가 될 것이다." 얼마나 많은 투자자들이 바로 이 점을 제대로 이해하지 못해 주식시장에서 어지간해서는 붙잡기 힘든 기회를 바로 눈앞에서 놓쳐버리고 마는가!

  비즈니스의 세계에서 진정으로 가치 있는 업적을 남기기 위해서는 반드시 상당한 정도의 개척정신이 필요하다. 남다른 재주가 실용화되기 위해서는 개척정신으로 달궈져야 하기 때문이다. 최첨단 기술을 연구개발해 어떤 성과를 얻어내는 데는 특히 그렇다. 참여한 사람들의 능력이 아무리 뛰어나고, 그 사람들의 생각이 아무리 비범하다 할지라도 그들의 노력이 실패로 돌아갈 때가 있기 마련이다. 그것도 아주 참담하게 실패할 때가 있다. 이런 일이 벌어지면 실패로 인한 비용이 추가되는 바람에 그 해 순이익은 앞서의 예상치에 훨씬 못 미치게 된다. 월스트리트 같은 곳에서는 곧바로 이 회사 최고 경영진에 대한 평가를 낮추는 데 합의한다. 그 결과 그 해의 낮아진 순이익은 주가수익 비율을 지금까지의 평균치보다 훨씬 밑으로 떨어뜨리고, 이로 인해 순이익 감소의 영향은 더욱 증폭된다. 이런 일이 벌어지면 때로는 주가가 그야말로 헐값 수준으로 떨어지기도 한다. 하지만 이런 일이 벌어졌을 때의 경영진이 실은 앞서 여러 해에 걸쳐 회사를 성공적으로 이끌어왔던 경영진이라면 성공과 실패의 비율이 앞으로도 똑같을 가능성이 높다. 매우 탁월한 능력을 가진 최고 경영진이 이끄는 기업의 주식이 바로 이런 이유로 인해, 즉 단 한 번의 잘못된 실수가 바깥에 알려지는 바람에 말도 안 되는 주가 수준으로 떨어지는 경우가 생기는 것이다. 이와는 반대로 개척정신도 없고, 기회도 만들지 못하며, 그저 군중이 가는 대로 따라가는 기업은 요즘처럼 경쟁이 치열한 시대에 매우 부진한 투자 수익률을 가져다 주기 십상이다.

다우 박사가 남긴 말 가운데 내가 투자 대상 주식을 선정하는 데 적용하기 위해 애썼던 구절 중에는 이런 것도 있다. "어떤 일을 다른 사람들이 할 수 있는 것보다 더 낫게 할 수 없다면 그 일은 절대로 하지 말라." 요즘은 여러 사업 활동 분야에서 정부의 규제와 개입이 매우 심하고, 세율도 높고, 노조의 목소리도 크고, 대중들의 취향 역시 너무나도 빨리 바뀌어 한 제품에서 다른 제품으로 금방 옮겨간다. 내가 보기에 이런 상황에서 주식에 투자하는 리스크를 최소화하기 위해서는 투자 대상 기업을 한정해야 한다. 해당 업종 전반에서 우위를 점하기 위해 끊임없이 노력하고, 계속해서 성공하는 그런 경쟁력 있는 정신을 충분히 갖고 있는 기업에 투자해야 하는 것이다. 그렇게 하지 않는 기업은 제품의 판매 가격과 원가의 차이가 크지 않을 것이고, 따라서 성장에 필요한 충분한 이익을 내지 못할 것이기 때문이다. 그나마 애써 장부상으로 기록한 순이익조차 상당 부분을 인플레이션이 잠식해버리는 요즘 같은 시기에는 특히 그럴 것이다.

역사를 돌아보면 기회가 보인다

내 사업을 시작했던 두 번의 초창기 무렵, 그러니까 대공황의 골이 가장 깊었던 시기와 군대 생활로 인한 3년 6개월간의 공백기를 지나 다시 사업을 재개한 1947년부터 1950년대 초까지의 두 기간을 비교해보면 상당히 유사한 점을 발견할 수 있다. 이들 두 시기에는 회의적인 경제 전망이 압도적이었고, 이런 상황에서 고객들에게 단기적인 투자 성과를 돌려주기란 너무나도 어려웠다. 동시에 인내심을 가진 고객들은 그 어느 때보다도 빼어난 투자 수익률을 거둘 수 있었던 시기였다. 두 시기 가운데 앞선 1930년대의 경우 주가는 20세기를 통틀어 주식의 실질 가치와 비교해 아마도 가장 낮았는데, 이는 대공황이 몰고 온 경제적 황폐함 때문만이 아니었다. 오히려 미국의 민간 기업 시스템 자체가 생존할 수 있을 것인가에 대한 투자자들의 의구심이 주가를 끌어내린 주된 요인이었다. 그런데 민간 기업 시스템은 살아났다. 그리고 이 시기에 올바른 주식에 투자할 수 있는 용기를 갖고 기꺼이 그렇게 했던 투자자들은 그 이후의 기간에 놀라운 보상을 받았다.

제2차 세계대전이 끝난 뒤에도 몇 년간 또 다른 두려움이 주식 시장을 휩감았다. 이로 인해 주가는 대공황이 한창이었을 때와 비슷할 정도로 내재가치에 비해 형편없이 떨어졌다. 이번에는 사실 경기도 좋았고 기업들의 순이익도 꾸준히 늘어나고 있었다. 그럼에도 불구하고 월스트리트와 일반 투자자들 거의 대부분은 한 가지 단순한 비교에 사로잡혀 있었다. 남북전쟁이 끝난 뒤 비교적 짧은 기간 번영을 맞기도 했지만 곧바로 1873년의 금융공황이 닥쳤고, 6년 가까이 깊은 침체를 벗어나지 못했다. 제1차 세계대전 이후에도 앞서와 비슷하게 호황기를 거친 다음 1929년의 주가 대폭락과 이전보다 훨씬 더 심각했던 대공황이 오랜 기간 지속됐다. 제2차 세계대전 당시 미국의 하루 평균 전비 지출액은 제1차 세계대전 때의 약 10배에 달했다. "이를 감안하면 지금 미국 기업들이 거두고 있는 근사한 순이익은 사실 아무것도 아니다." 제2차 세계대전 종전 후 투자자들 사이에 팽배했던 분위기를 잘 말해주는 대목이다. 기업들이 누리고 있는 호황기는 결국 끔찍한 종말을 맞을 것이며, 그러면 모두가 고통을 겪게 될 심각한 재앙의 시기가 찾아올 것이라는 이야기였다.

이런 분위기 속에서 시간은 흘러 해는 바뀌었지만 그럴수록 더 많은 기업의 주당 순이익이 늘어났다. 심지어 1949년 무렵에는 "미국 기업들의 가치는 차라리 죽는 게 살아있는 것보다 낫다"는 말이 인구에 회자될 정도였다. 왜냐하면 어떤 기업이 사업을 그만두고 청산하겠다는 소식이 전해지면 즉시 그 회사의 주가가 급등했기 때문이다. 사실 많은 기업들이 갖고 있는 유동성 자산의 가치가 주식시장에서 거래되는 그 회사 주식의 시가총액 전체를 훨씬 웃돌았다. 한 해 한 해가 이렇게 지나가자 투자자들 사이에 혹시 뭔가 잘못된 믿음이 주가의 발목을 잡고 있는 게 아닌가 하는 의구심이 퍼져나가기 시작했다. 실제로 1950년대 두 차례의 짧은 경기 후퇴를 제외하고는 당초 예상했던 기업 경기의 하강은 전혀 나타나지 않았다. 결국 이 시기에 인내심을 갖고 따라온 장기 투자자들은 대단한 수확을 거둘 수 있었다.

나는 지금 1980년대의 개막을 눈앞에 둔 1970년대의 마지막 주에 이 글을 쓰고 있다. 그런데 현재의 주식시장과 매우 흡사한 1946년 하반기 이후 몇 년 동안의 주식시장을 돌아보고 당시 주가가 어떻게 움직였는지 공부하려는 사람이 너무나 적다는 사실이 놀라울 따름이다. 현재 많은 주식들은 역사적인 기준으로 볼 때 그야말로 헐값에 거래되고 있다. 주가가 이렇게 떨어진 것은 내가 지금까지 살아오면서 세 번째로 보는 것이다. 재무제표 상의 장부가치와 비교하자면 제2차 세계대전 종전 직후에 비해서는 그리 싼 편이 아닐 수도 있다. 하지만 재무제표 상의 장부가치를 실질구매력에 따른 화폐가치로 표시한 대체원가로 조정한다면 현재의 주가는 앞서 언급했던 두 시기보다 더 낮을 것이다. 이건 정말로 엄청난 헐값에 거래된다는 말이다. 문제를 다시 한번 들여다보자. 지금 주가를 끌어내리고 있는 요인들, 그러니까 에너지 가격의 급등으로 인한 원가 상승, 정치적 좌경화에 대한 막연한 공포, 그리고 기업들이 너도나도 유동성 확보에 나서자 불가피하게 기업 쪽으로 자금이 흘러 들어가면서 나타난 금융기관의 과도한 대출과 이로 인한 위험성 등이 있지만 이런 우려가 과연 앞서의 두 시기에 주가를 끌어내렸던 두려움만큼 심각한 것이며, 이 나라의 장래 성장 전망을 멈추게 할 정도인가? 그렇지 않다면, 또 과도한 대출 문제가 일단 해결된다면 지금 이 시기는 앞서의 두 시기가 보여주었던 것처럼 앞으로 이어질 1980년대와 그 이후의 기간을 통해 큰 보답을 해줄 수 있는 기회의 시간이 될 것이다.

고전적인 실수의 가르침

사업가의 입장에서 볼 때 1954년부터 1969년까지 15년간은 나에게 아주 보람찬 시기였다. 내가 보유했던 몇 종목 되지 않았던 주식 대부분은 엄청나게 상승했고 시장 평균 수익률을 크게 앞질렀다. 그럼에도 불구하고 나는 몇 차례나 실수를 저질렀다. 성공은 내가 이미 여기서 설명했던 투자 방식을 열심히 적용한 데서 얻어졌다. 그런데 더욱 주목해야 할 것은 성공이 아니라 실수다. 각각의 실수는 저마다 새로운 가르침을 가져다 주기 때문이다.

성공을 거두면 자신도 모르게 느슨해질 수 있다. 내가 지금 가장 당혹스럽게 느끼는 실수는 나에게 큰 손실을 끼쳤던 실수가 아니다. 그것은 내가 세워놓은 올바른 원칙을 부주의하게 적용한 데서 비롯된 실수다.

1960년대 초 나는 기술주에 투자하고 있었는데, 특히 전자와 화학, 금속, 기계 업종의 투자에 관심을 기울였다. 그런데 전망이 밝은 기술주 계열인 제약 업종에는 이렇다 할 투자를 하지 않고 있었다. 그래서 이 분야의 기업을 하나 찾아보기로 했다. 이를 위해 나는 제약 분야에서 이름난 의학 전문가와 이야기를 나누었다. 그는 미국 중서부의 작은 제약회사가 이제 막 개발하기 시작한 일군의 신약에 대해 대단히 흥분하고 있었다. 신약들이 나오면 이 제약회사의 향후 순이익은 다른 제약회사들과는 비교할 수 없을 정도로 비약적으로 증가할 것이라는 게 그의 생각이었다. 한마디로 신약의 잠재 가능성은 가히 폭발적인 것으로 보였다.

나는 곧 이어 이 제약회사의 간부 가운데 한 명, 그리고 투자회사에서 일하는 몇몇 사람들과도 이야기를 나누었다. 이들 모두 신약의 가능성에 대해 앞서의 의학 전문가처럼 흥분을 감추지 못했다. 나는 안타깝게도 내가 기본적으로 하는 검증 방식, 즉 다른 제약회사나 이 분야에 특별한 지식을 갖고 있는 다른 전문가를 만나 혹시 내가 들은 것과는 반대되는 증거를 제시하지 않는지 확인하는 것을 빠뜨렸다. 더욱 유감스러운 점은 나에게 신약의 가능성에 대해 이야기해준 사람들 가운데 누구도 철저한 조사를 하지 않았다는 사실이다.

이 회사 주식은 신약 개발에 따른 이득과 관계없이 이미 장부가치에 비해 훨씬 높은 가격으로 거래되고 있었다. 하지만 내가 들은 것처럼 신약이 그토록 대단한 것이라면 이 정도 주가는 잠재적인 가치의 아주 작은 일부분에 불과한 것이었다. 내가 이 주식을 매수하자 주가는 줄곧 떨어지기만 했다. 처음에는 20%정도 하락하더니 결국은 50%가 넘게 떨어졌다. 끝내 이 제약회사는 주가가 이렇게 떨어진 상황에서 다른 회사에 매각되고 말았다. 인수한 기업은 제약 산업에 새로 진출하려고 했던 비제약 대기업이었는데, 기존 주주들에게 전액 현금을 지불하고 회사 주식 전체를 인수했다. 하지만 이렇게 인수한 기업 역시, 그러니까 내가 처음에 매수한 주가의 절반도 채 되지 않는 가격에 이 제약회사를 인수했음에도 불구하고 기업 인수로 인해 상당한 손실을 입었다는 사실을 나중에 알게 됐다. 물론 새로운 신약은 내가 이야기를 나누었던 의학 전문가를 비롯해 모든 사람들이 흥분해서 떠들어댔던 과도한 희망을 충족시키는 데 실패했다. 더구나 내가 가슴을 치면서 다시 한번 모든 상황을 차근차근 "뜯어보니" 이 작은 제약 회사의 경영진에 문제가 있었다는 사실을 발견할 수 있었다. 좀더 철저히 조사해보았더라면 신약의 실패와 경영진의 문제 모두 명백하게 보였을 것이라는 생각이 들었다.

이렇게 부끄러운 실수를 저지른 다음부터 나는 일이 잘 풀릴 때 특히 철저히 조사하고자 노력했다. 다행히 내가 이때의 어처구니없는 투자 실수로 인해 큰 손실을 입지 않은 유일한 이유는 나의 조심성 덕분이었다. 나는 이 회사의 경영진과 거의 만나지 않았기 때문에 처음에는 작은 금액부터 투자하기 시작했다. 이 회사에 대해 더 잘 알게 되면 그때 가서 추가로 주식을 매수하겠다는 계획이었다. 그런데 내가 저지른 처음의 실수가 더 커질 겨를도 없이 이 회사의 문제점들이 먼저 나를 붙잡은 것이었다.

장기간의 강세장이 마침내 최후의 정점에 도달했던 1969년에 나는 또 한 번 실수를 저질렀다. 당시 무슨 일이 벌어졌는지 이해하려면 그 무렵 이른바 기술주와 과학주에 사로잡혔던 투자자들의 심리적인 열기를 먼저 헤아려봐야 한다. 이들 기업의 주식은, 특히 그 중에서도 상당수의 소형주들은 시장 전체 수익률보다 훨씬 높은 상승률을 기록하고 있었다. 1968년과 1969년의 경우 이들 기업이 얼마나 대단한 성공을 거둘 것인지는 오로지 인간의 상상력에 달려있다고 할 정도였다. 물론 이들 가운데 일부 기업은 실제로 큰 잠재력을 갖고 있었다. 그러나 차별화는 전혀 이뤄지지 않았다. 가령 어떤 식으로든 컴퓨터 산업과 관계를 맺고 있다면 그 기업의 미래는 거의 무한한 성장이 가능하다고 많은 사람들이 생각했다. 이런 식의 사고는 컴퓨터 관련 기업뿐만 아니라 첨단 장비와 다른 과학기술 관련 기업들로도 퍼져나갔다.

이 시점까지 나는 앞서 한두 해 전에 매우 높은 가격으로 "신규 상장된" 이런 류의 주식은 가능한 한 매수하지 않으려고 했다. 하지만 앞서 소개했듯이 당시 한창 흥분에 빠져있던 산업에 속한 회사를 지지하는 사람들과 자주 만나다 보니 나 역시 정말로 매력적인 기업 몇 곳을 탐색하게 되었다. 그러다 마침내 1969년에 아주 흥미로운 신기술 분야에서 사업을 벌이고 있는 첨단 장비회사를 하나 발견했다. 정말로 탄탄한 기반을 가진 기업이었다. 이 회사 사장은 똑똑할 뿐만 아니라 정직한 인물이었다. 나는 이 회사 사장과 오찬을 함께 하면서 오랫동안 이야기를 나눈 뒤 집으로 가기 위해 비행기를 기다리던 때의 기억이 아직도 생생하다. 당시 나는 공항 로비를 왔다 갔다 하면서 이미 정점에 다다른 시장 상황에서 이 회사 주식을 매수할 것인지를 놓고 고심해야 했다. 나는 상당한 고민 끝에 한번 시도해보기로 결정했다.

이 회사의 잠재력에 대한 나의 진단은 옳은 것이었다. 이 회사는 실제로 그 후 오랫동안 계속해서 성장해나갔다. 그럼에도 불구하고 나의 투자 수익률은 부진했다. 내가 저지른 실수는 이 회사의 장래에 너무 높은 가격을 지불했다는 점이다. 몇 해 뒤 이 회사는 예상했던 것보다 양호한 성장률을 기록했다고 발표했고, 나는 이 회사 주식을 팔았다. 그렇지만 내가 매도한 주가는 당초 매수한 주가와 별로 차이가 없었다. 내가 주식을 매각한 시점은 이 회사의 성장률이 정점에 달해 앞으로의 전망은 다소 불확실해졌을 때여서 내 판단은 정확했다고 생각한다. 하지만 몇 년씩이나 보유했던 주식을 그야말로 얼마 되지 않는 이익만 거둔 채 매각한다는 것은 인플레이션 시대에 실질 투자 수익을 올리기는커녕 원금 보전도 어렵게 만든다. 사실 이런 사례는 주식시장의 열기가 한창 고조되어 있을 때 냉정을 유지하지 못한 채 처음부터 너무 높은 가격을 지불하면 결국 실망스러운 투자 수익률로 귀결된다는 점을 가르쳐주었다.

적은 수의 종목이라도 잘하자

내가 잘못된 투자 판단을 하는 바람에 저지르게 된 실수는 앞서 소개했던 사례와는 전혀 다른 것이다. 그 중 하나는 상당히 많은 손실을 초래하게 만들었다. 나의 실수는 한마디로 내가 경험을 통해 쌓은 영역 밖으로 내 기술을 적용해보려고 한 데 있었다. 내가 철저하게 이해하고 있는 산업의 바깥으로까지 투자 범위를 확대해가기 시작했고, 기존의 활동 영역과는 완전히 다른 곳으로 뛰어든 것이었다. 비교할 만한 배경 지식이 전혀 없는 상황으로 스스로 빠져든 셈이었다.

그 당시 나는 산업용 제품을 생산하는 제조업체나 첨단 제조 기술을 보유한 기업의 경우 그런 회사의 강점이 어디에 있고, 약점은 무엇인지 파악하기 위해 어느 곳을 찾아봐야 하는지 잘 알고 있었다. 그러나 소비자를 직접 겨냥한 제품을 제조하고 판매하는 기업을 평가하는 데는 이와는 전혀 다른 중요한 기술이 필요하다. 이런 업종에서는 서로 경쟁하는 회사의 제품들이 매우 유사하고, 또 경쟁업체들과의 시장점유율 차이는 주로 광고 효과에 큰 영향을 받는 대중들의 기호와 유행의 변화에 따라 좌우된다. 나는 탁월한 기술 기업들을 투자 대상으로 골라내는 데는 나름대로 재주를 가졌지만 그렇다고 해서 무엇이 부동산 시장에서 대박을 터뜨리는 요인인지는 구별하지 못했다.

어떤 사람들은 매우 다양한 투자 영역에서 두루 잘해나갈 수도 있을 것이다. 아마도 내가 사업을 하면서 저질렀던 다른 실수들과는 달리 이 문제는 다른 투자자들이 무시해도 좋을지 모르겠다. 하지만 애널리스트라면 마땅히 자신이 경쟁력을 갖고 있는 분야의 한계를 정확히 파악해 그 범위 안에 있는 것부터 제대로 해나가야 할 것이다.

시장이 하락할 것으로 예상될 때는 팔아야 하나?

약세장이 눈앞에 와 있다고 느낀다면 과연 자신이 보유하고 있는 훌륭한 기업의 주식을 팔아야만 할까? 이 문제와 관련해 내가 갖고 있는 생각은 요즘 널리 인정받고 있는 투자심리학적으로 볼 때 소수의 시각이 아닐까 염려될 정도다. 지금 미국에서 대규모 주식 투자 자금을 운용하고 있는 사람들의 행동을 살펴보면, 일단 괜찮은 투자 수익을 거뒀는데 주가가 떨어질지도 모른다는 걱정이 들 경우 즉시 이익을 챙겨 빠져 나와야 한다는 생각이 그 어느 때보다 강하기 때문이다. 나의 견해는 이와 다르다. 비록 어떤 특정 기업의 주가가 단기적으로 고점, 혹은 정점 근처에 다다른 것으로 보이고, 머지않아 큰 폭의 하락이 닥칠 것처럼 보일지라도 나는 그 회사의 장래 전망이 충분히 매력적이라면 주식을 팔지 않을 것이다. 내가 판단하기에 이 회사의 주가가 몇 년 뒤에는 현재의 고점보다 훨씬 더 높은 정점을 향해 치달을 것이라는 예상이 있는 한 나는 이 주식을 보유할 것이다. 나의 이 같은 믿음은 투자의 과정이 본질적으로 어떤 것인가에 대한 나름대로의 기본적인 고찰에서 나온 것이다. 투자 대상으로 평가할 때 진정으로 아주 돋보이는 기업은 그리 많지도 않고 발굴해내기도 무척 힘들다. 그러나 투자의 기본적인 원칙들을 이해하고 적용하는 투자자라면 90% 정도의 정확성을 갖고 정말로 특출한 기업을 보통의 그저 그런 기업들 사이에서 구분해낼 수 있으리라고 생각한다.

어느 특정 종목이 앞으로 6개월간 어떻게 움직일지 정확히 예측하기란 매우 어렵다. 단기 수익률을 예측하기 위해서는 앞으로 경기 전반이 어떻게 될 것인지부터 경제적으로 판단해야 한다. 더구나 소위 앞날을 잘 내다본다는 전문가들이 과거에 내놓은 경기 변동 예측치를 살펴보면 그야말로 수정과 번복의 연속이다. 이들은 경기 후퇴가 올 것인지, 온다면 언제 닥칠 것인지에 대해 말도 되지 않을 정도의 오판을 자주 저지른다. 이보다 더욱 우려되는 것은 경기 후퇴가 얼마나 심각할지, 얼마나 오랫동안 지속될 것인지에 대해서도 잘못된 판단을 내릴 수 있다는 점이다. 한 걸음 더 나아가 주식시장의 전체적인 흐름은 물론 특정 종목의 주가 흐름도 결코 경기 여건과 반드시 같은 방향으로 움직이지 않는다. 대중들의 심리 변화, 그리고 경기 전반이나 개별 주식에 대한 전망을 바라보는 금융시장의 시각 변화가 훨씬 더 중요할 수 있다. 게다가 이런 변화는 예측할 수 없을 정도로 급변하기도 한다. 이 같은 이유 때문에 나는 단기적인 주가 움직임을 정확히 예측하는 것은 제아무리 정교한 기술을 개발했다 할지라도 열 번 가운데 여섯 번 이상 맞추기도 불가능하다고 생각한다. 어쩌면 이 정도도 아주 낙관적인 수치일지 모르겠다. 그런 점에서 당신이 올바른 투자 원칙을 갖고 위대한 기업의 주식을 선정했을 가능성이 90%나 되는데, 맞을 확률이 기껏해야 60%밖에 되지 않는 예상 때문에 현재의 보유 주식을 내다판다면 그건 올바른 선택이 아닐 것이다.

 더구나 장기적인 투자를 통해 큰 투자 수익을 얻고자 하는 투자자라면 단순히 맞고 틀릴 확률만 고려해서는 안 된다. 투자한 기업이 재무적으로 매우 튼튼하면서 사업활동도 잘 해나가는 회사라면 제아무리 심각한 약세장이 닥친다 해도 주식의 가치가 완전히 사라지지는 않는다. 진짜 특출한 주식은 오히려 이와는 반대로 약세장이 지나간 뒤 곧 이어 앞서 기록했던 고점에 비해 수백 퍼센트나 높은 신고가를 기록하는 경우가 자주 있다. 그러므로 리스크와 그에 상응하는 보상이라는 측면에서 보자면 장기적인 투자가 훨씬 유리하다.

이를 종합하면 단순히 수학적으로 생각하더라도 확률은 물론 리스크 대비 보상을 고려할 때 보유하는 편이 더 낫다. 위대한 기업의 주식이라면 장기적으로 주가가 크게 오를 것이라고 예상하는 것보다 단기적으로 주가가 떨어질 것이라고 예측하는 게 틀릴 확률이 훨씬 높다. 시장 전체가 일시적으로 큰 폭으로 떨어지는데도 올바르게 선택한 주식을 계속해서 보유한다면 최악의 경우라 할지라도 단기적으로 앞서 기록했던 고점보다 40%정도 하락할 것이고, 결국에는 다시 이전 고점을 넘어설 것이다. 반면에 이 주식을 팔아버린 다음 다시 사지 않는다면 일시적인 시장 흐름의 변화에 편승해 주식을 매각해서 얻은 단기적인 이익의 수십 배에 달하는 장기적인 이익을 놓칠 것이다. 내가 지금까지 관찰해본 바로는 매력적인 종목일수록 짧은 기간 동안의 주가 움직임을 정확한 타이밍과 함께 예상하는 일은 무척 어렵다. 이런 주식을 매각한 뒤 곧 이어 앞서의 주가보다 상당히 떨어진 가격에 다시 매수해 이익을 올리는 경우를 몇 차례 보긴 했지만 이런 경우에도 자칫 타이밍이 조금만 어긋났었더라면 잃었을 이익을 생각하면 아무것도 아니다. 많은 투자자들은 주식을 너무 빨리 판다. 그리고는 같은 종목을 절대로 다시 매수하지 않거나 재투자를 너무 뒤로 미루는 바람에 다시 잡을 수 있었던 이익의 기회를 놓쳐버리고 만다.

지금부터 설명하고자 하는 사례는 나의 많은 경험 가운데 가장 뼈아픈 대목이다. 1962년의 일이다. 나의 투자 포트폴리오에서 비중이 꽤 높은 편이었던 두 전자회사의 주가가 고공행진을 벌이며 치솟는 바람에 단기적인 주가 전망을 매우 위태롭게 만들었다. 텍사스 인스트루먼트의 경우 내가 7년 전에 매수한 가격보다 15배 넘게 올랐다. 또 다른 회사는 1년쯤 전에 매수했는데 텍사스 인스트루먼트와 비슷한 상승률을 기록했다.(이 회사는 그냥 "센트럴 캘리포니아 일렉트로닉스"라는 가공의 이름으로 부르도록 하겠다.) 주가는 너무나 빠른 속도로 상승했다. 나는 곧 고객들 한 명 한 명에게 이들 두 종목의 주가는 도저히 현실적으로 이해가 되지 않을 정도로 너무 과도하게 올랐으며, 따라서 지금의 주가로 고객들이 자신의 순자산을 평가하지 않는 게 좋겠다고 알려주었다. 내가 고객들에게 이런 식으로 말해주는 경우는 극히 드문 일이었다. 주로 내가 보유하고 있는 주식 가운데 한두 종목의 주가가 급락할 가능성이 상당히 높다는 강한 확신이 드는 예외적인 경우에만 그렇게 했다. 그렇지만 나는 이런 강한 확신이 들었음에도 불구하고 고객들에게 두 종목의 보유 물량을 그대로 유지하도록 권고했다. 몇 년 뒤에는 두 종목 모두 지금의 주가 수준보다 훨씬 더 높이 올라갈 것이라는 믿음 때문이었다. 막상 조정기가 닥치자 이들 두 종목의 주가 하락폭은 당초 예상했던 것보다 심각했다. 텍사스 인스트루먼트는 1962년에 기록했던 고점에 비해 무려 80%나 떨어진 뒤에야 바닥을 쳤다. 센트럴 캘리포니아 일렉트로닉스는 그렇게까지 큰 폭으로 하락하지는 않았지만 거의 60%나 떨어졌다. 두 종목에 대한 나의 믿음이 벼랑 끝까지 가서 시험을 받은 것이다!

그러나 불과 몇 년 만에 텍사스 인스트루먼트는 다시 연이어 신고가를 경신하면서 앞서 1962년에 기록했던 고점에 비해 두 배 이상 뛰어올랐다. 나의 인내가 그 보답을 받은 셈이었다. 하지만 센트럴 캘리포니아 일렉트로닉스의 투자 수익률은 그리 좋지 않았다. 주식시장 전반이 다시 회복세로 돌아서자 이 회사 경영진 내부의 문제점이 분명하게 드러났다. 곧 경영진이 교체됐다. 나는 노심초사하는 심정이 되어 철저하게 조사해보았다. 내가 내린 결론은 두 가지였고, 모두 나에게는 좋지 않은 것이었다. 하나는 내가 앞서의 경영진을 잘못 판단했다는 것이었다. 이들의 부족한 면에 대해 좀더 인식했어야 했는데 그러지 못한 것이었다. 더구나 새로운 경영진도 내가 주식을 계속 보유해야겠다고 마음먹을 수 있을 정도로 썩 매력적이지 못했다. 나는 결국 이 회사 주식을 그로부터 12개월 이내에 전부 처분했다. 내가 주식을 매도한 가격은 1962년에 기록했던 고점의 절반이 조금 넘는 수준이었다. 실망스러웠지만 그래도 나의 고객들은 최초 매수 가격이 워낙 낮았던 덕분에 투자 원금에 비해 7~10배의 투자 수익을 거둘 수 있었다.

확실한 미래가 보장된 주식을 갖고 있는 상황에서 단기적인 주가 등락을 무시하면 그 보답을 받을 것이다. 지금까지의 설명에서 알 수 있듯이 나는 그 이유를 밝히면서 단순히 극적인 사례를 보여주기 보다는 내가 저지른 실수에 대해 이야기하고 싶었다. 센트럴 캘리포니아 일렉트로닉스의 경우 내가 저지른 실수는 일시적으로 하락하는 주식을 그대로 보유했다는 것이 아니라 이보다 훨씬 중요한 데 있다. 나는 이 회사 주식에 투자해 막대한 투자 수익을 거두었고, 그로 인해 너무 자만에 빠지게 된 것이다. 최고 경영진으로부터 들은 이야기에 의존하기 시작했고, 일반 직원들이나 고객들로부터 충분히 검증하지 않았다. 다행히도 상황을 인식했을 때 나는 즉각 조치를 취했다. 나는 곧바로 이 회사 주식을 매각했고, 그 자금으로 다른 전자 기업들의 주식을 매수했는데 당초 내가 센트럴 캘리포니아 일렉트로닉스에서 거두고자 했던 투자 수익을 이들 종목에서 얻을 수 있었다. 당시 추가로 매수했던 주식 가운데 제일 대표적인 것이 모토로라였다. 모토로라의 주가는 몇 년 만에 앞서 센트럴 캘리포니아 일렉트로닉스가 기록했던 고점보다 몇 배나 더 높은 수준까지 상승했다.

사고 팔기를 반복하면 돈을 잃을 것이다

나는 텍사스 인스트루먼트와 센트럴 캘리포니아 일렉트로닉스 주식에 투자하면서 많은 것을 배웠다. 내가 맨 처음 텍사스 인스트루먼트 주식을 매수한 것은 1955년으로 장기 투자 중에서도 가장 오랫동안 보유할 주식으로 샀다. 내가 보기에 이 회사는 이 정도 확신을 주기에 충분했다. 이로부터 1년쯤 뒤 주가는 두 배가 됐다. 원래 내가 운용하는 펀드에는 다양한 사람들이 투자해서 그 지분을 갖고 있었는데, 이들은 내가 자금을 운용하는 방식에도 익숙해 투자 수익을 분배 받는 것 외에는 나만큼 펀드 운용에 관심을 기울이지 않았다. 그런데 딱 한 차례 예외가 있었다. 이 무렵 내 펀드에는 계좌를 새로 개설한 지 얼마 되지 않는 투자자들이 있었다. 이들은 본래 시장이 바닥을 치고 있을 때 재고를 쌓아두었다가 시장이 다시 상승세로 돌아서면 재고를 풀어버리는 식으로 사업을 하는 사람들이었다. 텍사스 인스트루먼트의 주가가 두 배가 되자 이들은 나에게 처분하라는 강한 압력을 넣었다. 나는 그래도 한동안은 버틸 수 있었다. 그런데 주가가 또다시 25%나 상승해 투자한 원금의 125%를 이익을 가져갈 수 있게 되자 처분하라는 압력은 더욱 거세졌다. 이들은 나에게 이렇게 말했다. "당신이 하는 말에 동의합니다. 우리도 그 회사가 좋습니다. 하지만 나중에 주가가 떨어지면 지금보다 더 싼 값에 다시 매수할 수 있지 않습니까?" 버티다 못한 나는 결국 이들에게 타협안을 내놓았고, 일부만 남기고 나머지는 파는 데 합의했다. 그러나 몇 년 뒤 이 주식이 큰 폭으로 하락한 다음에도 텍사스 인스트루먼트의 주가는 나를 그토록 못살게 굴었던 투자자들이 제발 팔자고 했던 가격보다 40%나 높은 수준이었다.

어느 종목이 단기간에 급등하면 금융시장과 관련된 훈련을 제대로 받지 않은 사람의 눈에는 이런 주가가 늘 과도할 정도로 높아 보인다. 단지 자신들이 훌륭한 이익을 실현할 수 있고, 또 일시적으로 주가도 과도하게 상승한 것처럼 보인다는 이유 때문이다. 다시는 찾기 힘들 정도로 성장 전망이 여전히 밝은 주식을 팔아치우는 리스크를 앞서의 고객들은 여실히 보여준 셈이다. 이런 투자자들은 자신이 틀렸다 하더라도 절대로 더 높은 가격에는 그 주식을 다시 사지 않는다. 이로 인해 천문학적인 투자 수익을 놓쳐버리고 마는 것이다.

중언부언하는 것 같지만 그래도 내 생각을 다시 한번 강조하겠다. 단기적인 주가 움직임은 기본적으로 워낙 변수가 많아 예측할 수가 없다. 그래서 나는 게임을 하듯이 주식을 샀다가 팔았다 하는 방식이 가능하다는 말을 받아들일 수 없다. 나는 지금도 위대한 기업의 주식을 진정으로 장기 보유하는 투자자에게 지속적으로 돌아가는 굉장한 투자 이익을 꾸준히 만들어내고 있다.

배당금이라는 긴 그림자

나는 원래 이 글을 통해 세월의 흐름과 함께 내가 겪은 다양한 경험들이 어떻게 해서 나의 투자 철학을 형성하는 데 도움을 주었는가를 독자들에게 보여주고 싶었다. 하지만 뒤돌아보면 배당금 문제와 관련해 특별히 어떤 결론을 내릴 만큼 기억나는 사건이나 실수, 혹은 좋은 기회를 떠올릴 수 없다. 사실 오랜 시간 내가 관찰한 많은 사례를 통해 나의 시각은 점차 분명해졌다. 내가 맨 처음에 가졌던 생각은 요즘과 마찬가지로 40년 전에도 널리 받아들여지고 있던 믿음이었다. 배당금은 주주들에게 매우 좋은 것이며, 주주 입장에서는 열렬히 환영해야 한다는 것이다. 그 이후 나는 연구개발 부서에서는 정말 멋진 새로운 아이디어가 넘쳐나는데 자본이 없어 이를 실행 단계로 옮기지 못하는 기업들을 보기 시작했다. 기업이 쓸 수 있는 자원은 한정돼 있고 너무 귀하기 때문이다. 나는 이런 생각을 갖기 시작했다. 만약 배당금을 주는 대신 그 기업이 더 많은 자산을 유보해 혁신적인 제품 생산에 투자한다면 주주들에게도 훨씬 좋을 것이라는 생각이었다.

나는 점점 더 모든 주주들의 이해관계가 동일하지는 않다는 사실을 깨닫기 시작했다. 어떤 투자자는 자신의 생활 수준을 유지하기 위해 배당금 수입을 필요로 한다. 이런 주주들은 유망한 제품과 기술에 더 많이 투자해 미래에 더 큰 이익을 거두고, 그 결과 주식 가치를 높이는 것보다는 당장의 배당금을 당연히 더 선호한다. 이런 투자자들은 자본을 생산적으로 활용할 곳이나 기회도 그리 많지 않은 기업에 투자하는 게 좋을 것이다.

그러나 자신이 써야 할 비용보다 벌어들이는 수입이 더 많고, 또 정기적으로 자신의 소득을 저축하는 주주라면 어떤 기업에 투자해야 할까? 이런 투자자가 주주로 있는 기업이 배당금을 늘린다면 그렇지 않아도 높은 소득세율로 배당금에 대한 소득세까지 추가로 물어야 할 것이다. 반면 배당금으로 지급할 재원을 기업의 장래 성장을 위해 재투자할 수도 있다. 과연 이런 투자자에게는 어느 쪽이 더 낫겠는가?

제2차 세계대전이 끝난 직후부터 나는 장기적으로 큰 금액의 주가 차익을 얻는 데 내 모든 투자 역량을 집중하기 시작했다. 이 무렵 배당금 지급과 관련해 완전히 다른 측면이 부각됐다. 아주 뛰어난 성장 전망을 가진 기업들은 오히려 배당금을 전혀 지급하지 말라는 거센 압력에 시달렸다. 이들은 자금을 많이 필요로 했고, 자금을 생산적으로 활용할 수 있는 능력도 갖고 있었다. 이런 기업이 신제품을 개발하는 데 투입하는 비용은 장래 성장에 필요한 자금의 첫 일부분에 불과하다. 신제품 개발에 이어 이 제품을 고객들에게 선보이는 데는 막대한 마케팅 비용이 필요하다. 일단 신제품이 성공하면 판매량 증가에 따라 공장 증설이 불가피해진다. 새로운 생산라인이 가동되면 더 많은 자본이 필요하다. 재고가 계속 늘어나는 데다 대개의 경우 외상매출금이 사업 규모에 비례해 증가하기 때문이다.

이처럼 투자 기회가 무궁무진한 기업과 추가적인 수입을 필요로 하지 않을뿐더러 불필요한 배당 소득세까지 내고 싶어하지 않는 투자자들 간에는 자연스럽게 이해가 맞아떨어질 것이다. 물론 이런 투자자들은 자신이 부담할 리스크에 상응하는 최대의 장래 투자 수익을 얻고자 이렇게 하는 것이다. 내가 생각하기에 이들은 배당금은 주지 않지만 이익 창출 능력이 대단하고, 이익을 재투자할 만한 매력적인 분야를 많이 갖고 있는 기업으로 투자 대상을 한정해야 한다. 이런 투자자들이 바로 내가 자금을 운용해 주고자 하는 고객이다.

그러나 최근 들어 상황이 다소 모호해졌다. 기관 투자가들이 매일매일의 주식시장에서 지배적인 세력으로 등장한 것이다. 연기금이나 이익 분배형 펀드 같은 기관투자가들은 배당금을 받아도 소득세를 내지 않는다. 그래서 상당수의 기관 투자가들은 정책적으로 배당금을 지급하지 않는 회사의 주식에는 투자하지 않는다. 아무리 적은 금액이라도 배당금을 지급해야 투자한다. 이런 매수자를 끌어들이고, 또 붙잡아놓기 위해 무척 밝은 전망을 갖고 있는 많은 기업들이 비록 연간 순이익 전체 규모에 비해서는 작은 비율이지만 어쨌든 배당금 지급 계획을 새로이 내놓고 있다. 이와 동시에 진정한 성장 기업이 되고 싶은 회사의 경영진은 배당금 지급 규모를 큰 폭으로 줄이고 있다. 아무튼 유보해둔 순이익을 현명하게 투자할 수 있는 기술을 가졌는가의 여부가 요즘 아주 뛰어난 전망을 가진 회사와 그렇지 않은 평범한 회사를 구별해주는 중요한 요소가 됐다.

이런 이유로 인해 내가 배당금 문제에 관해 할 수 있는 이야기는 그리 많지 않다. 사실 추가로 소득이 필요하지 않은 투자자 입장에서는 배당금의 중요성을 확 떨어뜨려도 된다고 생각한다. 일반적으로 말해 보다 매력적인 투자 기회는 배당금을 아주 적게 주거나 아예 주지 않는 기업들 사이에서 찾을 수 있다. 그러나 투자자들에게 더욱 중요한 것은 기업 내부에서 배당금 지급 정책을 결정하는 사람들의 자세라는 점이다. 나는 이따금 많은 배당금을 지급하는 기업 중에서도 정말로 매력적인 투자 기회를 발견하곤 한다. 물론 이런 경우는 그리 자주 나타나지는 않는다.

4

시장은 효율적인가?

1970년대를 맞으며 나의 투자 철학도 거의 완전한 체계를 갖추었다. 물론 그 밑바탕은 40여 년간의 투자 경험이었다. 앞서 소개했던 사례들처럼 나의 투자 철학을 형성하는 데 도움이 됐던 많은 일들은 현명한 것이었든 어리석은 실수였든, 단 한 가지를 제외하고는 모두 1960년대 이전에 일어났다. 물론 이것은 우연의 일치는 아니다. 내가 1970년대 들어서는 전혀 실수를 하지 않았다는 말도 아니다. 안타깝게도 내가 아무리 많은 경험을 쌓았다 해도 무슨 일이든 진정으로 배우기 이전까지는 늘 한 차례 이상은 돌부리에 걸려 넘어져야만 했다. 그러나 앞서 설명했던 것처럼 특별한 사건이 벌어져 내 판단의 잘못 여부가 판명되면 나는 대개

한눈에 상황을 파악했다. 이것이 바로 내가 소개한 사례들 가운데 단 한 가지를 제외하고는 전부가 1960년대 이전에 일어난 이유가 될 것이다.

지나온 과거를 10년 단위로 구분해보면 시기별로 너무나 유사했다는 사실에 주목하게 된다. 1960년대는 다소 예외적인 측면이 있지만 아무튼 단 한 시기도 빼놓지 않고 한결같이 기업 외부적인 영향이 워낙 강력해 개별 기업의 경영진이 통제할 수 있는 범위를 넘어섰다. 이처럼 주식시장을 바라보는 시각이 외부 요인에 의해 좌우되다 보니 아무리 현명한 투자자라 해도 무모하게 보이고 신중하지 않은 모습으로 비춰졌던 것이다. 1930년대는 대공황이라는 요인 때문에 주식시장을 바라보는 시각이 극단적으로 치달았고, 1940년대에는 독일의 막강한 전력과 제2차 세계대전이 몰고 온 두려움이 이에 못지않게 시장을 지배했다. 1950년대에는 틀림없이 또 한 차례 심각한 경기 침체가 닥칠 것이라는 우려가 팽배했고, 1970년대에는 인플레이션과 반反시장주의적인 정부 정책에 대한 우려가 투자 심리를 가라앉혔다. 하지만 이들 시기는 모두 아주 괜찮은 투자 기회를 제공했고, 선견지명이 있는 투자자에게는 정말 믿을 수 없을 정도로 유리한 발판을 마련해주었을 것이다. 지난 반 세기 동안 매 10년 주기 별로 적지 않은 투자 기회가 있었는데, 각각의 시기에 주식을 매수해 10년 이상 보유했다면 수백 퍼센트의 투자 수익률을 올렸을 것이다. 어떤 경우에는 투자 수익률이 수천 퍼센트를 넘어섰을 것이다. 다시 강조하지만 이런 시기에도 매우 위험한 덫에 걸리는 투자자들이 있다. 이런 경우는 자신이 무슨 행동을 하는지 먼저 정확히 파악하기 보다는 맹목적으로 군중심리에 휩쓸려 그때그때 가장 투기적인 바람을 타는 주식을 매수했기 때문이다. 10년 단위의 기간을 잘 살펴보면 대다수 주식 투자자들이 결정적으로 상황을 잘못 판단한 시점이 꼭 있었다. 바로 이런 시점에 현명한 투자자는 주가가 매우 저평가됐으며 너무나도 매력적인 상황이라는 사실을 발견할 수 있었다. 각각의 시기는 그런 점에서 최고의 투자 기회를 제공해주었다는 공통점을 갖고 있다. 지난 반 세기 동안 주식시장에 큰 충격을 주었던 다양한 요인들과 마치 큰 파동을 그리듯이 낙관론과 비관론에 번갈아 가면서 휩쓸렸던 일반 대중의 심리를 회고해보면 옛 프랑스 속담이 떠오른다. "더 많이 변할수록 더 많은 것이 변하지 않고 그대로 남는다." 이제 1980년대가 시작되려고 한다. 새로운 10년이 어떤 문제점을 던져주고, 또 밝은 전망을 가져다 준다 해도 이 말은 진리처럼 변하지 않고 그대로 이어질 것이다.

효율적 시장이라는 잘못된 믿음

내가 생각하기에 터무니없이 그릇된 이론이 최근 몇 년 동안 많은 관심을 끌고 있다. 다름아닌 주식시장이 완벽하게 효율적으로 움직인다는 개념이다. 과거에 나타났던 다른 잘못된 믿음과 마찬가지로 어쩌면 역발상의 시각을 갖고 냉정한 판단을 내린다면 천재일우千載一遇의 투자 기회를 얻을 수 있을지 모르겠다.

"효율적" 시장 이론에 대해 잘 모르는 독자들을 위해 설명하자면, 이 이론에서 사용하는 "효율적"이라는 단어는 너무나도 명백한 시장 메커니즘의 효율성을 가리키는 것이 아니다. 잠재적으로 주식을 사고 팔려는 사람들은 언제든 시장을 통해 주문할 수 있고, 주식시장에서의 거래는 불과 1~2초 안에 매우 효율적으로 완결된다. 그런데 "효율적" 시장 이론에서의 "효율적"이라는 의미는 주식을 사고 팔려는 사람들간의 세력 균형에 약간의 변화만 있으면 주가가 몇 센트씩 오르내리는 시장의 정교한 조정 시스템을 말하는 것이 아니다. 이와는 달리 이 이론에서는 어느 특정 시점에서 시장의 "효율적" 주가는 그 회사에 관해 실제로 알려진 모든 것 전부를 반영하고 있다는 가정을 전제로 한다. 아무에게도 알려지지 않은 중요한 내부정보를 누군가가 갖고 있지 않다면 진정한 의미에서 싸게 거래되고 있는 주식을 발견할 방법이 없다는 것이다. 잠재적인 매수자로 하여금 매력적인 상황이 존재한다고 믿게 만든 긍정적인 요인들이 이미 주가에 다 반영됐기 때문이다!

만약 요즘 널리 받아들여지고 있는 이 이론의 의미대로 시장이 효율적이라면, 또 주식을 매수할 만한 결정적인 기회나 매도할 만한 중요한 이유를 전혀 찾을 수 없다면 투자 수익률 차이는 그렇게 크지 않아야 한다. 그런데 실제로는 그 반대다. 내가 여기서 투자 수익률의 차이가 크다고 말하는 것은 주식시장 전체의 지수 변화를 가리키는 것이 아니라 특정 종목의 주가 변동이 다른 종목에 비해 얼마나 큰 차이를 보이는가를 의미하는 것이다. 또 주식시장이 이처럼 효율적으로 움직인다 해도 이 같은 효율성을 가져오는 인과관계에 대한 분석은 근거가 미약할 수밖에 없다.

효율적 시장 이론은 상아탑에서 활동하는 랜덤워크 학파School of Random Walkers 교수들이 만들어냈다. 이들은 주식 투자에 따른 거래비용을 차감한 뒤 리스크에 상응하는 고수익을 충분히 거둘 수 있는 기술적 매매 전략을 찾아내기 어렵다는 점을 발견했다. 물론 나는 이 점에 동의하지 않는다. 앞서도 설명했듯이 단기적인 시장 예측에 기초해 주식을 사고 팔아서는 돈을 벌기가 대단히 어렵다고 나는 생각한다. 아마도 투자의 범위를 이런 정도로 국한한다면 시장은 효율적일 것이다.

우리는 투자자이거나 투자자가 되어야 하지 단순히 트레이더가 되어서는 안 된다. 우리는 장기간에 걸쳐 전망이 아주 밝은 기업에 투자할 수 있는 기회를 찾아야 하고, 그저 그런 전망을 가진 기업에 투자하는 것은 피해야 한다. 내가 어떤 경우에서든 투자를 고려할 때 반드시 지키고자 하는 가장 핵심적인 신조가 바로 이것이다. 부지런하고, 많은 지식을 갖고 있으며, 장기적인 투자를 하는 투자자에게는 주가가 결코 효율적이지 않다는 게 나의 지론이다.

이것을 설명하는 데는 내가 1961년에 경험한 사례를 인용하는 게 좋을 것 같다. 그 해 가을학기에 나는 스탠퍼드 대학교 비즈니스 스쿨에서 고급 투자과정을 가르치는 투자론 전공의 전임 교수가 자리를 비우는 바람에 대신 강의하는 일을 기꺼이 맡았다.(나

중에 소개하겠지만 1963년 봄학기에도 그랬다.) 당시는 물론 그 후 몇 년이 지났을 때까지도 "효율적" 시장이라는 개념은 세상에 모습을 드러내지 못하고 있었고, 내가 지금부터 설명하는 일종의 실험을 하게 된 동기와도 전혀 관련이 없었다. 오히려 나는 학생들에게 시장 전체의 등락은 특정 주식과 다른 주식 간의 주가 변동에 비해 상대적으로 중요하지 않다는 점을 가르쳐주기 위해 이런 방법을 사용한 것이었다.

나는 학생들을 두 그룹으로 나눴다. 첫 번째 그룹에게는 뉴욕증권거래소에 상장된 종목들 가운데 회사 이름이 알파벳 A로 시작되는 명단을 주었다. 두 번째 그룹에게는 마찬가지로 T로 시작되는 명단을 주었다. 각각의 학생들에게는 4개 종목을 선택하도록 했고, 반드시 자신이 속한 그룹의 알파벳 철자를 지키도록 했다.(단, 전력회사 같은 유틸리티 주식과 우선주는 제외했는데, 이런 종목은 일반 기업의 보통주와 성격이 다르다는 생각 때문이었다.) 학생들은 1956년 마지막 거래일의 종가를 확인한 다음 이를 주식분할과 주식배당 등을 감안해서 주가를 조정한 뒤 (신주인수권과 같이 주가를 수정해야 할 정도로 큰 영향을 미치지 않는 것은 무시했다) 1961년 10월 13일 금요일의 주가와 비교했다. 굳이 10월 13일과 비교한 것은 특별한 이유는 없었지만 거래 종료일로 그럴듯해 보였기 때문이다! 5년에 가까운 이 기간 동안 학생들이 선정한 각 종목들의 상승률과 하락률은 매우 두드러졌다. 같은 기간 중 다우존스 평균주가는 499에서 703으로 41% 상승했다. 학생들이 선정한 종목은 모두 합쳐 140개였는데, 이들 종목의 상승률과 하락률은 다음과 같다.(괄호 안은 전체 종목 가운데 해당 종목이 차지하는 비율이다.)

200~1020% 상승   15종목(11%)
100~199% 상승   18종목(13%)
50~99% 상승   14종목(10%)
25~49% 상승   21종목(15%)
1~24% 상승   31종목(22%)
주가 변동 없음   3종목(2%)
1~49% 하락   32종목(23%)
50~74% 하락   6종목(4%)
합계   140종목(100%)

이 자료는 놀라운 사실을 알려준다. 다우존스 평균주가가 이 기간 중 41%나 상승했는데도 학생들이 고른 종목의 27%에 달하는 38개 종목은 주가가 떨어진 것이다. 특히 학생들이 고른 종목 가운데 4%나 되는 6개 종목은 무려 50%가 넘는 하락률을 기록했다. 이와는 반대로 4분의 1에 가까운 33개 종목은 100%가 넘는 대단한 상승률을 기록했다.

요점을 이야기하겠다. 어떤 사람이 이 명단에 포함된 종목들 가운데 최고의 상승률을 기록한 5개 종목에 2000달러씩 모두 1만 달러를 투자했다면 4년 9개월 정도가 지난 뒤 투자 원금은 7만

260달러로 불어났을 것이다. 반대로 만약 최악의 수익률을 기록한 5개 종목에 똑같이 1만 달러를 투자했다면 3180달러로 쪼그라들었을 것이다. 물론 이 같은 예는 매우 극단적인 경우다. 이런 극단적인 투자 수익률을 기록했다면 투자 기술도 영향을 미쳤겠지만 좋건 나쁘건 운이 결정적으로 작용했을 것이다. 이에 비해 다소 가능성 있는 경우를 예로 들어보자면 최고의 상승률을 기록한 10개 종목 가운데 5개를 골라 1만 달러를 앞서와 같이 투자했다면 5만2070달러로 늘어났을 것이다. 이와 마찬가지로 어떤 투자자들은 잘못된 이유로 인해 계속해서 나쁜 주식만 선택하고, 그래서 최악의 수익률을 기록한 10개 종목 가운데 5개에 투자했을 수 있다. 이런 투자자의 수익률은 비참하겠지만 앞서의 극단적인 경우보다는 나쁘지 않을 것이다. 이 경우 1만 달러의 투자 원금은 4270달러로 줄어들게 된다. 두 가지 사례를 보면 5년도 채 되지 않는 기간이 지났을 뿐인데도 현명한 투자자와 그렇지 않은 투자자 간에는 4만8000달러의 차이가 나는 것이다.

이로부터 1년 6개월 뒤 다시 스탠퍼드 비즈니스 스쿨에서 고급 투자과정을 가르치면서 똑같은 실험을 해봤다. 알파벳만 A와 T에서 다른 것으로 바꾸었을 뿐 나머지는 지난번과 동일했다. 비교 기간도 시작하는 날짜와 끝나는 날짜만 달랐을 뿐 역시 5년 정도로 했는데, 종목별 수익률 차이는 지난번과 너무나도 흡사했다.

과거 주식시장의 움직임을 5년 정도의 기간 단위로 끊어서 살펴보면 종목별 수익률 차이가 그야말로 천차만별이라는 점을 발견할 것이다. 이런 격차가 발생하는 이유 가운데 일부는 특정 종목의 전망에 관한 매우 중요한 사실이 알려졌기 때문일 수 있다. 이런 사실은 비교를 시작할 시점에는 전혀 예상하지 못했던 것이다. 그러나 개별 종목별 주가 움직임은 적어도 그 방향성을 짐작할 수 있고, 개략적인 이익과 손실 규모도 시장 전체에 비해 예상하기가 용이하다.

레이켐 코퍼레이션

지금까지 설명한 사례에서도 잘 드러나듯이 효율적 시장 이론에서 말하는 것처럼 주식시장이 "효율적"이라는 점은 받아들이기 어렵다. 그러나 보다 진전된 논의를 위해 몇 해 전 주식시장에서 실제로 벌어졌던 상황을 예로 들어보겠다. 1970년대 초 레이켐 코퍼레이션 주식은 시장에서 상당히 괜찮은 종목으로 손꼽혔고, 덕분에 비교적 높은 주가수익 비율로 거래되고 있었다. 이 회사 주식이 이처럼 특별한 대접을 받은 이유 가운데 하나는 당시 수석 부사장이었던 로버트 M. 핼퍼린이 언급한 내용 때문이었다. 그는 "레이켐의 네 가지 핵심적인 사업 철학"에 관해 이렇게 이야기했다.

1. 레이켐은 기술적으로 단순한 사업은 절대로 하지 않을 것이다. 즉, 잠재적인 경쟁자들이 쉽게 모방할 수 있는 사업은 하지 않

는다.
2. 레이켐은 수직적으로 계열화할 수 없는 사업은 하지 않을 것이다. 즉, 레이켐은 어떤 제품이든 처음부터 기획하고 이를 제조해서 소비자에게 판매해야 한다.
3. 레이켐은 특허권과 같이 실질적인 소유권 보호장치를 가질 수 없는 사업은 하지 않을 것이다. 이런 보호장치를 가질 수 없다면 자체 기술로 가능한 프로젝트라 하더라도 회사의 연구개발 역량을 투입하지 않을 것이다.
4. 레이켐은 신제품 시장의 리더가 될 수 있다고 믿을 때만 신제품 시장에 진입할 것이다. 그 시장이 크건 작건, 혹은 틈새 시장이건 신제품 시장을 확실히 잡을 수 있어야 한다.

이처럼 자신감 넘치는 사업 철학에서 드러나듯 레이켐이 보유한 강점은 대형 펀드를 운용하는 기관 투자가들의 마음을 사로잡기에 충분했다. 이들은 레이켐이 아주 매력적이고 강력한 경쟁력을 지닌 기업이라는 믿음을 갖고서 1970년대 중반까지 레이켐 주식을 대규모로 사들였다. 그러나 레이켐이 기관 투자가들로부터 집중적인 주목을 받고, 당시 주식시장에서 높은 주가수익 비율로 팔릴 수 있었던 또 다른 이유가 있었다. 새로운 프로젝트 개발을 위해 레이켐이 지출하는 금액은 매출액에서 차지하는 비율로 따져 일반 기업들의 평균치를 훨씬 상회했다. 많은 투자자들은 이런 점을 보고 레이켐이 완벽한 연구개발 조직을 보유하고 있으며,

이 조직은 앞으로 회사의 매출액과 순이익을 영원한 상승 곡선 위에 올려놓을 획기적인 신제품들을 쏟아낼 것이라고 판단했다. 실제로 이 회사의 연구개발 부서에서 내놓은 신제품들은 투자자들에게 큰 반향을 일으켰는데, 상당수의 신제품이 앞서 다른 회사에서 출시한 제품들과는 아예 비교조차 할 수 없었다. 기본적으로 레이켐의 신제품은 수요처의 고임금 근로자들로 하여금 똑같은 작업이라도 과거에 투입했던 것보다 훨씬 적은 시간 안에 끝낼 수 있게 해주었다. 이런 제품을 쓰게 될 잠재적인 기업 고객 입장에서는 레이켐의 값비싼 신제품을 사더라도 오히려 비용을 절약하는 셈이 됐고, 당연히 레이켐의 이익률은 높아졌다. 이런 점 때문에 레이켐 주가는 1975년 말 42.50달러(이후에 단행된 몇 차례의 주식분할을 감안해 조정한 것이다)를 넘어서기도 했는데, 이 같은 주가 수준은 1976년 6월 30일로 끝나는 회계연도의 주당 순이익 추정치의 약 25배에 달하는 것이었다.

레이켐, 기대에 찬물을 끼얹고 급락하다

그런데 회계연도가 끝나는 1976년 6월 30일이 가까워질 무렵 레이켐은 두 번씩이나 큰 타격을 입었다. 이로 인해 레이켐 주가는 엉망이 되어버렸고, 투자자들이 높이 평가했던 이 회사의 명성도 추락했다. 증권가에서는 당초 레이켐이 독점적으로 생산하는 폴리머(중합체)인 스틸랜에 대단한 관심을 보이고 있었다. 스틸랜은 그 무렵 막바지 연구 단계에 있었는데, 항공기 산업 같은 곳에서 선재를 코팅하는 데 사용하는 다른 화합물에 비해 월등히 뛰어난 재료였다. 더구나 스틸랜은 레이켐이 다른 회사에서 원재료를 구입해 이를 화합하는 것이 아니라 제품 생산 공정의 맨 처음 단계인 최초의 화합물을 자체 공장에서 만드는 첫 작품으로 기록될 예정이었다. 이처럼 기대가 컸기 때문에 레이켐은 회사 역사상 전례가 없을 정도로 많은 자금을 이 신제품의 연구개발에 쏟아 부었다. 증권가에서는 레이켐의 이 신제품이 이미 성공한 것이나 다름없다고 받아들였고, 다른 신제품들이 대개 그랬던 것처럼 시간이 흐를수록 "학습곡선"의 효과 덕분에 이익률은 계속 높아질 것이라고 기대했다.

그러나 실제로 벌어진 일은 이와 정반대였다. 레이켐 경영진의 발언을 그대로 옮기자면 스틸랜은 "과학적으로는 성공했지만 상업적으로는 실패한" 제품이었다. 레이켐의 경쟁업체들은 스틸랜에 맞서 기존 제품을 개선했다. 이 제품은 비록 스틸랜에 비해 기술적으로는 떨어졌지만 훨씬 싼값에 똑같은 작업을 할 수 있도록 해주었다. 레이켐 경영진도 뒤늦게 이를 깨달았다. 경영진에서는 결국 몇 주 동안 고심한 끝에 신제품 사업에서 철수하기로 하고, 지금까지 들어간 막대한 투자 자금을 손실 처리하는 뼈아픈 결정을 내렸다. 이 같은 투자자산 상각에 따라 이 해의 순이익은 930만 달러 줄어드는 결과를 낳았고, 이로 인해 특별손익을 제외한 주당 순이익도 직전 회계연도의 7.95달러에서 0.08달러로 급감하게 됐다.

증권가에서는 주당 순이익이 급전직하한 데 따른 실망도 컸지만 그동안 탄탄한 신뢰를 쌓아왔던 이 회사의 연구개발 능력에 대한 믿음이 무너졌다는 데 더 큰 충격을 받았다. 그러나 대부분의 사람들이 무시하는 게 있다. 신제품 개발 프로젝트 가운데 일부는 어느 기업에서든 반드시 실패한다는 기본 상식이 그것이다. 이런 상식은 모든 기업의 연구개발 활동이 지니고 있는 숙명과도 같은 것이다. 사업을 잘하는 기업은 장기적으로 또 다른 신제품 개발에 성공함으로써 앞서의 손실을 만회하고도 이익을 남기는 것이다. 사실 기업이 막대한 자금을 쏟아 부은 특별한 프로젝트가 실패해버리고 마는 것은 단순히 운이 나빴기 때문일 수도 있다. 아무튼 레이켐 주가는 이로 인해 가히 극적인 추락을 경험했다. 이 회사 주가는 1976년 4분기에 14.75달러(이 역시 그 이후 단행된 1대 6의 주식분할을 감안해 조정한 것이다)까지 떨어졌다. 앞서 기록했던 고점과 비교하면 3분의 1로 쪼그라든 것이다. 물론 이 해 최저점을 기록했던 바닥권에서는 주식 거래량이 거의 없었다. 그러나 몇 달 뒤에도 레이켐 주가는 최저점보다 약간 높은 가격을 겨우 유지할 수 있었다.

이 무렵 레이켐의 순이익을 떨어뜨리고, 회사의 명성에도 큰 상처를 준 또 다른 일이 벌어지고 있었다. 꾸준히 성장하는 기업이 성공을 이어가기 위해 반드시 거쳐야 하는 가장 어려운 과업 가운데 하나는 회사 규모가 커나감에 따라 그에 걸맞은 경영 조직으로 진화해 나가는 것이다. 그렇게 함으로써 중소기업을 적절히 통제하는 데 필요한 단순한 경영 조직에서 대기업 관리에 적합한 복합적인 경영 조직으로 이행할 수 있는 것이다.

1976년도 회계연도가 끝나기 이전까지 레이켐의 경영 조직은 여러 제조 기술에 기초해 부문별로 나뉘어져 있었다. 한마디로 각 부서는 생산되는 제품에 따라 조직된 셈이었다. 이런 조직은 회사가 비교적 소규모였을 때는 잘 운영됐지만 회사가 계속 성장함에 따라 고객들의 수요를 파악하고 효율적으로 대처하는 데는 도움이 되지 못했다. 마침내 레이켐 경영진은 1976년도 회계연도의 시작과 함께 "대기업" 경영 방식이라는 새로운 개념을 도입하기로 결정했다. 회사의 구조를 완전히 바꿔 제조되는 제품의 화학적인, 혹은 물리적인 재료가 아니라 그 제품이 어떤 산업에 쓰이는가에 따라 부서를 새로 조직하기로 한 것이다. 조직 구조를 개편하는 작업은 1976년도 회계연도가 끝나는 시점까지 완료하는 것을 목표로 했다. 조직 개편의 완료 시점은 공교롭게도 스틸랜 프로젝트의 포기로 대규모 투자손실이 발생한 시기와 겹쳤다. 하지만 레이켐 경영진이 이를 염두에 두고 목표 시점을 정한 것은 아니었다.

레이켐 임직원들은 누구나 이 같은 조직 개편이 이뤄지면 단기적으로 1분기나 2분기 정도는 순이익이 상당폭 줄어들 것이라는 사실을 알고 있었다. 조직 개편에 따라 레이켐 경영진이 바뀌거나 직원 숫자에 변동이 생기는 것은 아니지만 임직원들 대다수가 지금까지와는 다른 상사 및 부하 직원들과 일해야 하고, 그동안 전혀 접해보지 못했던 동료 직원들과 호흡을 맞춰야 했다. 따라서 레이켐 임직원들이 새로운 부서에서 함께 작업할 동료들과 서로 안면을 익히고, 어떻게 작업하는 것이 최선인지를 파악할 때까지는 어느 정도의 조정기가 필요했다. 이 기간 동안은 작업 효율성의 저하가 불가피했다. 사실 스틸랜의 투자손실로 인해 레이켐의 당기순이익이 크게 줄어든 상황에서 조직 개편에 따른 손실까지 발생한다면 그 충격은 두 배로 커지는 셈인데도 레이켐 경영진은 조직 개편 시기를 연기하지 않고 당초 계획대로 추진했다. 단기적인 손익에 연연하지 않은 레이켐 경영진의 이 같은 결정이야말로 이 회사가 장기적으로 얼마나 신뢰할 수 있는가를 보여주는 대표적인 예라고 할 수 있다.

조직 개편 작업은 막상 예상했던 것보다는 그리 어렵지 않게 끝났고, 새로운 조직도 잘 가동됐다. 물론 개편 작업 완료 후 첫 분기의 순이익은 조직 개편이 이뤄지지 않았을 때에 비해 훨씬 작았다. 그러나 두 번째 분기부터는 새로운 조직이 원활하게 운영됐고, 개편에 따른 단기적인 비용을 충분히 상쇄하고도 남았다. 사실 애널리스트 입장이라면 레이켐의 이 같은 발전은 무척 고무적인 것으로 받아들여야 했다. 레이켐은 이제 과거에는 생각할 수 없었던 방식으로 회사의 성장세를 적절히 이어가는 조직으로 변모했다. 매력적으로 보였던 대부분의 성장 기업이 이런 고비를 넘기지 못해 처음의 광채를 잃고 시들어가지만 레이켐은 성공적으로 그 장애물을 넘어선 것이었다. 그러나 증권가에서는 대체로 이런 사실을 인식하지 못하는 것 같았다. 오히려 분기 순이익이 일시적으로나마 더 큰 폭으로 줄어들자 이미 곤두박질쳤던 레이켐의 주가는 최저점에서 헤어나오지 못하는 상황이 이어졌다.

이 같은 주가 수준이 잠재적인 투자자에게 더욱 매력적인 이유는 또 있다. 나는 앞서 다른 기업들의 경우에도 이미 성공적이지 못한 것으로 판명이 난 대형 연구개발 프로젝트를 포기한 직후 주가가 큰 폭으로 떨어졌던 것을 보았고 그 과정을 잘 알고 있었다. 스틸랜을 포기한 데 따른 긍정적인 재무적 효과는 그동안 이 프로젝트에 쏟아 부었던 엄청난 자금을 이제는 다른 곳에 쓸 수 있다는 점이었다. 더욱 중요한 사실은 이 프로젝트에 참여했던 연구개발 인력이 다른 분야에 힘을 쏟을 수 있게 됐다는 것이다. 가뭄이 끝난 뒤 비가 내리면 들판의 꽃들이 만개하듯이 불과 1~2년만에 레이켐은 회사 규모를 감안하면 과거에는 상상조차 하기 힘들었던 대규모의 매력적인 연구개발 프로젝트를 잇달아 추진하기 시작했다.

레이켐과 효율적 시장

그렇다면 최근 증권가 일각에서 추종하고 있는 "효율적 시장 이론"과 레이켐의 이 같은 움직임이 무슨 연관이 있다는 말인가? 효율적 시장 이론에 의하면 주가는 그 회사에 대해 알려진 모든 사실에 대응해 자동적으로, 또 즉각적으로 조정된다. 그러니까 다른 사람들은 알지 못하는 부정한 "내부자 정보"를 가졌을 경우에만 특정 종목의 주가 상승에 따른 이익을 얻을 수 있다. 레이켐의 경우를 보자. 이 회사 최고 경영진은 실적 악화의 징후가 나타나자마자 곧장 내가 앞에서 언급했던 모든 사실들을 관심이 있는 모든 사람들에게 알리고자 노력했고, 저조한 순이익 수치는 매우 짧은 기간에 그칠 것이라는 점을 설명했다.

더구나 최고 경영진이 설명했던 모든 일들이 현실화됐고, 순이익이 사상 최대 수준까지 늘어난 뒤에도 레이켐 최고 경영진은 계속해서 더 알리고자 했다. 1978년 1월 26일 레이켐 경영진은 본사에서 설명회를 열었는데, 그날 하루 종일 진행됐다. 이 자리에는 나도 참석했다. 레이켐 경영진이 초청한 대상은 회사에 관심을 갖고 있는 모든 기관 투자가와 증권회사, 투자자문회사의 대표자들이었다. 이날 회의에서는 레이켐 최고 경영진 열 명이 나서서 회사의 전망과 문제점, 그리고 자신들이 판단하는 회사의 현재 상황 등을 아주 솔직하고 매우 상세하게 설명했다. 다른 회사에서도 이와 비슷한 설명회를 열지만 내가 생각하기에 레이켐처럼 이렇게 진솔하고 자세하게 설명하는 경우는 드물다.

설명회를 가진 뒤 2년 가까운 기간 동안 레이켐의 순이익 성장률은 이날 내가 들었던 내용과 거의 일치했다. 설명회 당일 23.25달러였던 레이켐 주가는 이 기간 중 두 배 이상으로 상승했다. 하지만 설명회를 연 뒤 몇 주 동안은 주가에 아무런 변동도 없었다. 그날 설명회에 참석했던 사람들 가운데 적어도 일부는 최고 경영진이 제시한 청사진에 깊이 공감했을 것이다. 그러나 이들은 한두 해 전에 경험했던 스틸랜의 포기에 따른 대규모 손실과 조직 개편의 영향으로 주가가 폭락했던 충격에서 벗어나지 못했다. 설명회에서 자신들이 들은 내용을 전혀 믿지 못했던 것이다. 이들은 다름아닌 효율적 시장 이론에 따라 행동한 것이다.

일반 투자자들은 물론 전문적인 투자가들도 레이켐과 같은 사례로부터 배워야 할 교훈이 있는 것이다. "효율적 시장 이론"을 받아들이고, 또 이 이론의 영향을 받는 사람들은 대체로 두 부류로 나눌 수 있다. 한 부류는 실제 주식 투자 경험이 거의 없는 학생들이다. 또 다른 부류는 이상하게 들리겠지만 대형 투자기관에서 일하는 수많은 펀드매니저들이다. 반면 개인 투자자들은 상대적으로 이 이론에 관심을 기울이지 않는다.

1970년대도 다 저물어가는 이 시점에 나의 투자 철학을 그대로 적용했던 당시의 경험을 돌아보면 내가 강점을 갖고 있는 분야인 기술주에 대해 새로운 결론을 내릴 수 있을 것 같다. 개인 투자자들이 상대적으로 큰 역할을 하는 소형 기술주에 비해 기관 투자가들이 주가를 좌지우지하는 대형 기술주 가운데 더 매력적인 투자 기회를 찾을 수 있다는 것이다. 약 10년 전에도 당시 널리 퍼졌던 주식시장의 양극화 이론의 오류를 일찌감치 깨달았던 사람들이 잘못된 개념으로 인해 주가가 왜곡됐던 종목을 찾아내 큰 이익을 보았던 것처럼 10년에 한 번 정도는 그릇된 이론이 부상해 분별력을 가진 투자자들에게 좋은 기회를 제공한다.

결론

지금까지 이야기한 내용이 바로 지난 반 세기 동안의 사업 경험을 통해 내가 완성한 투자 철학이다. 투자 철학의 핵심을 요약하자면 다음과 같은 여덟 가지 내용으로 옮길 수 있을 것이다.

1. 장기적으로 아주 빼어난 순이익 성장률을 달성할 수 있는 치밀한 계획을 갖고 있으며, 이 같은 성장세를 서로이 시장에 진입하는 경쟁자가 쉽게 빼앗을 수 없을 정도로 제품이나 서비스의 질이 탁월한 기업의 주식을 매수하라. 이런 기업들 가운데 하나를 선정하는 데는 긍정적인 측면과 부정적인 측면 모두를 고려해야 하는데, 여기서 간략하게 설명하기에는 불가능할 정도로 상세히 그 내용을 파악해야 한다. 《보수적인 투자자는 마음이 편하다》의 처음 1~3장이 이 내용을 압축한 것이니 다시 한 번 읽어보기 바란다. 곧 이어 보게 될 《나의 투자 철학》의 마지막 장에서도 재차 요약해두었으니 도움이 될 것이다.
2. 이 같은 주식이 시장에서 외면 받을 때 매수할 수 있도록 주의를 집중하라. 다시 말해 시장 전반의 상황이 좋지 않거나 증권가에서 이런 기업의 진정한 가치에 대해 잘못된 인식을 갖고 있을 때 주가는 현저하게 저평가되는데, 장차 그 기업의 진가를 사람들이 이해하게 되면 주가는 완전히 달라진다.
3. 이런 주식을 매수했다면 다음 두 가지 경우가 나타날 때까지 보유하라. 첫째, 최고 경영진의 교체로 인해 경영 능력이 저하

됐을 때처럼 기업 본질에 근본적인 변화가 생겼을 경우. 둘째, 더 이상 경제 전체의 성장률보다 빠르게 성장할 수 없는 상태에 이르렀을 경우. 단, 극히 예외적인 경우로 만약 경제 전반이나 주식시장 전체가 어떻게 변할지 도저히 예측하기가 어려울 정도로 불확실할 때라면 팔아라. 그러나 정말로 매력적인 위대한 기업의 주식을 단기적인 이유 때문에 팔아서는 절대로 안 된다. 이 점을 명심하라. 상당수 기업들이 소규모였을 때는 매우 효율적으로 운영됐지만 성장을 계속함에 따라 대기업에 필요한 경영기술을 제대로 터득하지 못하고 적절한 경영방식으로 이행하는 데 실패하는 경우가 있다. 이처럼 기업의 성장에 따라 경영진도 함께 성장하지 못한다면 그 회사 주식은 팔아야 한다.

4. 기본적으로 주가 상승에 따른 평가 차익을 주목적으로 하는 투자자라면 배당금을 너무 중시해서는 안 된다. 진짜 매력적인 투자 기회는 수익성은 탁월하지만 배당금은 적게 주거나 아예 지급하지 않는 기업들 가운데서 발견하는 경우가 흔하다. 배당 성향이 높아 순이익의 많은 부분을 주주들에게 지급하는 기업에 투자해 놀라운 투자 수익률을 거두는 경우는 드물다.

5. 약간의 실수를 저지르는 것은 빼어난 투자 수익을 얻기 위해 투자하는 데 따르는 불가피한 비용이다. 수익성이 가장 좋은 최고의 대출 은행들조차 어느 정도는 부실 대출을 감수하는 것과 마찬가지다. 중요한 점은 가능한 한 빨리 실수를 깨닫고, 실수의 원인이 무엇이었는지 이해한 뒤 이런 실수를 되풀이하지 않

으려면 어떻게 해야 하는지 배우는 것이다. 일부 주식에서 발생한 작은 손실은 기꺼이 감수하고, 보다 전망이 밝은 주식에서 발생하는 이익은 계속 더 커나가도록 한다면 이미 훌륭한 투자 운용의 첫걸음을 내디딘 것이다. 이와는 반대로 좋은 주식에 투자했다가 서둘러서 작은 이익을 취하고, 나쁜 주식에서 발생한 손실은 계속 커나가도록 방치한다면 끔찍스러운 최후의 심판에 직면하게 될 것이다. 이익이란 단지 그것을 손에 넣는다는 만족감을 위해 실현시켜서는 절대 안 된다.

6. 정말로 뛰어난 기업의 숫자는 그리 많지 않다. 이런 기업의 주식을 매력적인 가격대에 매수하기란 무척 어렵다. 따라서 탁월한 기업의 주가가 괜찮은 수준에 있다면 최대한 그 이점을 자기 것으로 만들어야 한다. 투자 자금은 가장 훌륭한 투자 기회에 집중해야 한다. 벤처 캐피털이나 소규모 투자 자금을 운용하는 회사라면 분산 투자의 범위를 넓혀 경제적 특성이 다른 다양한 산업에 투자하는 게 좋을 것이다. 개인 투자자(기관 투자가나 펀드와 대칭되는 의미에서)가 20개 이상의 종목을 보유한다면 상대적으로 높은 수익률을 내기 어려울 것이다. 최대한으로 잡아도 10~12개 종목이 적당하다. 현재 20개 정도의 종목을 갖고 있다면 이 가운데 수익률이 가장 떨어지는 종목을 팔고, 수익률이 가장 좋은 종목에 집중하는 게 필요하다.

7. 성공적인 주식 투자의 기본적인 요소는 지금 증권가를 지배하고 있는 의견을 무조건 맹신하지 말 것이며, 그렇다고 단순히

역발상 투자를 위해 널리 받아들여지고 있는 시각을 무조건 무시해서도 안 된다는 것이다. 오히려 특정 시점의 상황을 철저히 조사해 더 많은 지식을 쌓고 더 나은 판단을 내린 다음 정말로 자신이 옳다는 판단이 섰을 때 과감히 "군중과 반대되는" 행동을 취할 수 있는 용기를 가져야 한다.
8. 인간사의 다른 대부분의 분야에서도 그렇지만 주식 투자에서 성공할 수 있는가의 여부는 얼마나 열심히 노력하고, 얼마나 많은 지식을 쌓고, 얼마나 정직하게 행동하는가에 달려 있다.

지금까지 설명한 내용들을 선천적으로 쉽게 소화할 수 있는 사람이 있고, 그렇지 않은 사람도 있을 것이다. 그러나 스스로 훈련하고 노력한다면 누구나 이 분야에서 자신의 능력을 최대한 키워 나갈 수 있다고 확신한다.

투자 포트폴리오를 운용해 나가다 보면 어느 정도는 늘 행운이 찾아와 주지만 안타깝게도 이런 행운은 놓치기가 쉽다. 지속적으로 성공을 이어나가려면 투자 기술과 함께 건전한 투자 원칙을 꾸준히 지켜나가는 게 필요하다. 내가 설명한 여덟 가지 가이드라인이 제시하고 있듯이 미래는 자기 훈련을 통해 그것을 성취하고자 노력하는 사람에게 돌아갈 것이라는 게 내 믿음이다.

5

장래성 있는 기업을 평가하는 핵심 요소

나의 투자 철학은 보기 드물 정도로 미래가 밝은 비교적 적은 숫자의 기업에 투자하는 것을 전제로 한다. 나는 투자 대상 기업들을 조사하고 연구하면서 기업 내부에 숨어있는 성장 잠재력을 찾아내려고 노력한다. 나름대로의 분석을 통해 리스크를 최대한 피하고자 하는 것도 이에 못지않게 내가 중시하는 요소다. 나는 투자 대상 기업의 최고 경영진이 자신들의 잠재력을 이익으로 충분히 연결시키는지, 또 이 과정에서 부담해야 할 투자 리스크를 최소화할 수 있는 충분한 자금을 확보하고 있는지를 확인하려고 노력한다. 지금부터 요약해서 설명하려는 내용은 내가 경영진과의 인터뷰, 해당 산업 전문가들과의 토론, 그리고 재무분석 등을 통해 진실로 탁월한 기업의 기준을 충족시키는지 여부를 탐색할 때 적용하는 보수적인 특성들이다.

구조적인 요소

1. 투자 대상 기업은 제품이나 서비스의 생산원가가 경쟁업체들과 비교했을 때 가장 낮아야 하고, 앞으로도 계속 그렇게 유지할 수 있어야 한다.
2. 손익분기점이 상대적으로 낮은 기업은 해당 제품이나 서비스의 시장 환경이 나빠졌을 때도 생존해나갈 수 있는 것은 물론 경쟁력이 떨어지는 업체가 시장에서 철수하면 자연스럽게 시장점유율을 높이고 제품의 판매가격을 결정하는 데도 더 유리한 지위를 차지할 수 있다.
3. 영업이익률이 시장 평균보다 높은 기업은 지속적으로 성장하는 데 필요한 자금을 내부적으로 조달할 수 있고, 그러면 발행 주식을 늘려 주식 가치를 희석시키거나 과다한 차입금을 끌어들여 회사를 위험에 빠뜨리는 일은 피할 수 있다.
4. 투자 대상 기업은 강력하고도 충분할 정도로 고객 중심의 입장에서 고객의 수요와 기호 변화를 읽고 그 변화에 적절하게 대응할 수 있는 행동을 즉시 취해야 한다. 이 같은 능력을 바탕으로 유행에 뒤떨어졌거나 한물 가버린 생산라인을 단순히 대체하는 것이 아니라 중단 없이 새로운 제품들을 내놓아야 한다.

5. 효율적인 마케팅이란 고객이 원하는 것이 무엇인지 정확히 이해하고, 광고나 영업 활동 등을 통해 고객이 이해할 수 있는 방식으로 설명하는 것이다. 마케팅 활동의 비용 대 효율성을 늘 자세히 분석하고 끊임없이 점검할 필요가 있다.
6. 기술 기업이 아니라 할지라도 요즘은 어느 기업이나 미래 지향적인 뛰어난 연구개발 능력을 갖추고 있어야 한다. 그래야 보다 새롭고 더 나은 제품을 생산할 수 있으며, 보다 능률적이고 효과적인 방식의 서비스를 제공할 수 있다.
7. 연구개발 작업이 얼마나 효율적인가는 기업마다 큰 차이가 있다. 생산적인 연구개발에 필수적인 두 가지 중요한 요소는 첫째, 시장과 수익성을 의식하는 것이며 둘째, 필요한 인재를 한데 모아 생산적인 팀으로 함께 작업할 수 있도록 만드는 능력이다.
8. 강력한 재무 조직을 가진 회사는 여러 면에서 중요한 이점을 누린다.
9. 원가에 대한 정확한 정보는 경영진으로 하여금 회사의 에너지를 수익 기여도가 더 높은 제품에 집중할 수 있게 해준다.
10. 제대로 된 원가 분석 시스템을 갖추면 기업의 어느 사업 부문에서 생산 비용과 마케팅 비용, 연구개발 비용이 비효율적으로 쓰이고 있는지 정확히 집어낼 수 있다.
11. 고정자본과 운전자본을 얼마나 써야 할 것인지 정확히 통제함으로써 자본을 효율적으로 유지할 수 있다.

12. 기업 재무 조직의 가장 중요한 기능은 장래의 순이익을 위협할 수 있는 위험 요소들을 충분할 정도로 미리 파악함으로써 부정적인 충격을 최소화하는 예방조치들을 미리 세워둘 수 있도록 조기 경보 시스템을 제공하는 것이다.

인적요소

1. 더욱 성공적인 위대한 기업이 되기 위해서는 창조적 기업가 정신을 가진 결단력 있는 리더가 필요하며, 이런 최고 경영자는 추진력과 독창적인 아이디어, 회사의 부를 창출하는 데 필요한 기술을 두루 겸비하고 있어야 한다.
2. 늘 회사의 성장을 염두에 두고 있는 최고 경영자의 주변에는 경쟁력이 뛰어난 참모진이 있어야 하며, 이들에게는 회사 업무와 관련해 상당한 권한 위임이 이뤄져야 한다. 회사 내 권력 다툼으로 인한 기능 장애가 아니라 자발적인 팀워크의 형성이 있어야 한다는 점은 너무나 중요하다.
3. 최고 경영자는 경쟁력 있는 중간 간부를 새로 끌어들이고, 이들이 더 큰 권한을 행사할 수 있도록 훈련시키는 데 노력해야 한다. 기업의 성공은 훌륭한 인재를 얼마나 많이 활용하느냐에 달려 있다. 최고 경영자를 외부에서 물색해야만 한다면 그것은 매우 위험한 징후다.
4. 조직 전체에 창조적 기업가 정신이 스며들어 있어야 한다.

5. 더욱 성공적인 위대한 기업은 다소 독특한 개성이나 문화를 갖고 있는 경우가 많다. 그 기업의 최고 경영진이 보다 생산적으로 어떤 일을 처리하는 특별한 방식이다. 이 같은 개성이나 문화는 부정적인 것이 아니라 긍정적인 것이다.
6. 최고 경영진은 회사를 둘러싼 환경이 끊임없이 더 빠른 속도로 변화하고 있다는 사실을 깨닫고 변화에 발맞춰 나가야 한다.
7. 지금까지 통용됐던 모든 일 처리 방식은 반드시 정기적으로 재점검해야 하며 새롭고 더 나은 방식을 찾아야 한다.
8. 기업 경영의 방향에 변화를 주면 불가피하게 리스크가 수반된다는 점을 인식하고, 이를 감수하되 최소화해야 한다.
9. 공장 근로자를 포함한 회사 내의 모든 임직원들로 하여금 자신이 몸담고 있는 회사가 정말로 일하기에 좋은 곳이라는 믿음을 줄 수 있도록 진실되고 솔직하며 의식적이고 계속적인 노력을 기울여야 한다.
10. 모든 근로자를 품위와 예의를 갖고서 대우해야 한다.
11. 동기 부여를 할 수 있는 작업 환경과 보상 프로그램을 제공해야 한다.
12. 누구나 아무런 두려움 없이, 적절한 관심과 대응 조치를 기대하면서 불만사항을 털어놓을 수 있어야 한다.
13. 근로자 참여 프로그램은 제대로 운영될 뿐만 아니라 번뜩이는 아이디어가 나오는 빛나는 자리가 되어야 한다.
14. 최고 경영진은 건전한 성장을 위해 필요한 엄격한 원칙을 기꺼

이 받아들여야 한다. 성장을 위해서는 당장의 순이익을 어느 정도 희생하더라도 미래의 발전에 필요한 귀중한 토대를 쌓아 나가야 하는 것이다.

기업 활동의 본질적인 성격

1. 기업 경영진이 새로운 자산에 투자하기에 앞서 투자 수익률을 제아무리 신중하게 고려한다 해도 투자자는 과거의 원가로 표시된 과거의 자산은 그 기업의 수익성 비교를 왜곡시킨다는 점을 잊지 말아야 한다. 매출액 증가율보다는 매출액 대비 순이익률이 얼마나 나아졌는가를 파악하는 게 투자의 안전성을 위해 더 나은 방법이다. 특히 요즘처럼 인플레이션이 심각한 환경에서는 더욱 그렇다.
2. 높은 순이익률은 경쟁을 유발하고, 경쟁은 그만큼 이익을 얻을 수 있는 기회를 잠식한다. 경쟁을 잠재울 수 있는 최선의 방법은 잠재적으로 시장에 새로 뛰어들 경쟁업체에게 돌아갈 이익이 전혀 없을 정도로 사업을 생산적으로 운영하는 것이다.
3. 규모의 경제에 따른 효율성은 종종 중간 관리층의 관료적인 비효율성으로 인해 상쇄돼 버리기도 한다. 그러나 제대로 경영되는 뛰어난 기업이라면 해당 산업에서의 선도적인 지위를 바탕으로 강력한 경쟁력 우위를 만들어낼 것이며, 이는 투자자들에게 매력적인 요소가 될 것이다.

4. 신제품 시장에 가장 먼저 진입했다면 그 시장에서 1등이 되는 경쟁에서 한참 앞서 나간 것이다. 어떤 기업들은 이처럼 1등이 되기 위한 경쟁에서 늘 한 발 빠르게 움직인다.
5. 제품은 외롭게 떠있는 섬이 아니다. 직접적인 경쟁 제품이 없다 하더라도 가격이 간접적인 경쟁 상대가 될 수 있다. 제품의 판매가격이 오르면 우수한 기업이 잘 만들어 판매하는 제품도 수요자를 잃을 수 있다.
6. 기존의 강력한 경쟁업체가 이미 확고한 지위를 차지하고 있는 시장에서는 더 나은 신제품을 개발했다 해도 새로 진입하기가 무척 어렵다. 신규 진입을 위한 생산 시설과 마케팅 역량을 확보하고, 대등하게 맞설 수 있는 브랜드까지 갖췄다 하더라도 기존의 경쟁업체는 위협받고 있는 시장을 내주지 않기 위해 사력을 다해 방어 조치를 취할 것이다. 그런 점에서 혁신적인 기업가라면 기존의 경쟁업체에 비해 더욱 고상한 방식으로, 가령 전자공학과 원자력공학을 융합하는 식으로 이종異種 기술을 적절히 결합함으로써 성공 가능성을 더 높일 것이다.
7. 기술력은 해당 산업에서 선도적인 지위를 차지하는 데 한 가지 요소밖에 되지 않는다. 고객의 "마음"을 사로잡는 것은 이와 별개의 문제다. 감동적인 서비스 능력 역시 기술과는 다른 것이다. 어떤 경우가 됐든 훌륭한 투자 대상 기업이 되려면 이미 확보한 시장을 새로운 경쟁자로부터 지켜낼 수 있는 강력한 역량을 지녀야 한다.

역자 후기

필립 피셔의 성장주 투자 이론이 나오기까지

주식시장에서 돈을 벌기란 무척 어렵다. 제아무리 똑똑한 사람도 주가를 정확히 예측하지 못한다. 모든 투자자들이 이 사실을 잘 알고 있다. 주가는 매일같이 변동하고 심지어 순간순간마다 새롭게 변한다. 그런데도 많은 사람들이 조금이라도 높은 확률로 주가를 예측하기 위해, 그래서 돈을 벌기 위해 주식시장으로 몰려든다.

그렇다면 주식시장의 종잡을 수 없는 움직임은 도대체 어디에서 비롯되는 것일까? 시시각각 급변하는 주가는 과연 무엇을 반영하는 것일까? 매일같이 헤아릴 수 없을 정도로 쏟아져 나오는 애널리스트들의 시장 분석과 주가 전망은 어디에 근거하고 있으며, 투자자들은 왜 이런 자료에 의존해 투자하는 것일까? 전문가들은 주식시장과 주가를 얼마나 정확히 예측할 수 있는 것일까? 주가란 기본적으로 예측 불가능한 것이 아닐까?

요즘처럼 주식시장이 급변하고 불규칙적으로 움직일 때면 투자자들은 다시 원점으로 돌아온다. 아무도 풀지 못한 근본적인 의문으로 말이다. 수백 년의 역사와 자료를 갖고 있고, 이를 분석하는 수많은 전문가가 활동하고 있는 월스트리트에서조차 주가 흐름의 불가해성不可解性은 마찬가지다.

닷컴 열풍이 몰아쳤던 2000년 초 나스닥 지수가 5000선을 넘었을 때 누구도 그 후 1년만에 나스닥 지수가 2000선 아래로 추락하리라고는 예상하지 못했다. 그러나 현실은 그렇게 됐다. 뒤늦게 그 이유를 설명하는 전문가들은 많지만 당장 시장이 또 어떻게 변할지 확실하게 말할 수 있는 이는 없다. 현재의 시점에서 과거를 돌아보면 항상 그때 주가가 과대평가됐고, 과매수 상태였던 게 분명해 보인다. 지나고 나서야 뒤늦게 깨닫는 것이다. 거품이 꺼지고 나니 훤히 다 보이지만 그때는 모두가 낙관에 젖어서 아무런 위협도 느끼지 못했다. 아무도 보려 하지 않았고 자발적으로 거부하기도 했다.

주식 투자 이론의 출발

주식시장의 움직임을 학문적으로 처음 분석한 프랑스의 수학자 루이 바슐리에는 1900년에 《투기의 이론The Theory of Speculation》이라는 제목의 논문을 발표했다. 그가 제기한 의문은 "주식시장과 상품시장을 포함한 자본시장의 가격은 왜 예측할 수 없는가?"라는 것이었는데, 그는 결국 "투기의 수학적 기대값은 0"이라는 결론을 내렸다.

바슐리에는 이 같은 결론과 함께 두 가지 의미심장한 가설을 제시했다. 하나는 "주가가 오를 가능성과 내릴 가능성은 똑같이 50%씩"이라는 것이다. 왜냐하면 현재의 주가가 바로 이런 기대를 반영해 결정됐기 때문이다. 만약 주가가 오를 가능성이 더 높다면 지금의 주가는 잘못 결정된 것이 틀림없을 것이다. 또 하나의 가설은 "주가의 변동폭은 시간의 흐름에 따라 커지며, 시간의 제곱근(루트)에 비례한다"는 것이다. 그런데 그의 두 가설은 상아탑에서는 여전히 유효하지만 투자의 현장에서는 전혀 빛을 보지 못하고 있다. 오히려 바슐리에의 가설이 나온 시점부터 월스트리트의 주가 예측론은 더욱 힘을 얻기 시작했다. 바야흐로 월스트리트의 현장 투자 이론이 발아하기 시작한 것이다.

바슐리에의 논문이 발표되고 불과 1년 뒤인 1901년 〈월스트리트저널The Wall Street Journal〉에는 찰스 다우의 유명한 글이 실렸다. 지금도 주가 지수의 대표격으로 널리 쓰이는 다우존스 산업평균주가를 처음으로 창안한 찰스 다우의 이 기사는 후세에 다우 이론으로 명명된, 주식시장의 "기술적 분석"의 효시가 될 기념비적인 문장이었다.

누군가 바닷가에서 조류가 밀려드는 모습을 지켜보고 있다.

이 사람은 만조 때의 최고 수위水位가 정확히 얼마인지 알고 싶어 바닷물이 밀려오는 모래밭에 막대기 하나를 세워놓았다. 파도는 점점 더 높아져 막대기의 윗부분을 적셔갔다. 마침내 조류가 빠져나가기 시작할 때쯤 막대기에는 최고 수위가 선명하게 남았다. 이 방법은 주식시장의 밀물과 썰물 같은 흐름을 관찰하고 예측하는 데 유용하다. 주가의 파동은 마치 바닷물이 출렁이며 파도가 치는 것처럼 정점에 닿은 뒤에도 단 한 번에 제자리로 후퇴하지 않는다. 주가를 움직이는 힘은 서서히 밀려들어오고, 이 흐름을 정확히 파악하는 데는 어느 정도의 시간이 필요하다.

다우 이론을 짧게 요약하자면 "주가의 흐름은 일단 방향을 정하면 주식시장 그 자체가 모멘텀을 잃고, 방향을 바꾸기 전까지는 꾸준히 그 방향으로 지속되는 경향이 있다"는 것이다. 물론 월스트리트의 주가 흐름은 바닷가에서 조류가 밀려오고 나가는 것을 지켜보는 것처럼 그렇게 간단한 일이 아니다. 시장은 끊임없이 불규칙적으로 출렁거리기 때문이다. 그러나 다우 이론을 신봉하는 기술적 분석가들은 작은 파동처럼 보이는 것이 곧 큰 흐름의 변화를 몰고 올 시장의 신호가 될 수 있으며, 이런 작은 파동을 찾아낼 수 있다고 주장한다.

다우 이론에서 출발한 기술적 분석은 과거의 주가 흐름을 분석해 주가 변화의 추세를 발견해내고, 이를 토대로 미래의 주가를 예측하는 기법이다. 기술적 분석에서는 주가란 궁극적으로 시장의 수요와 공급에 의해 결정되며, 인간의 심리가 시장의 수요와 공급을 결정짓는다는 가정을 전제로 한다. 인간의 심리는 변하지 않기 때문에 주가는 항상 반복해서 변동하는 속성이 있고, 그래서 과거의 주가 흐름이 무엇보다 중요하다고 지적한다. 기술적 분석에서는 또 과거의 주가 흐름뿐만 아니라 거래량과 이동평균선 등 각종 지표를 참고하고, 주가 및 거래량을 일목요연하게 표시한 차트도 중요한 주가 예측 수단으로 활용한다.

그러나 기술적 분석의 핵심은 매매 타이밍에 있다. 과거의 주가 흐름에 기초해 매매 시점을 정확히 포착하면 높은 투자 수익률을 올릴 수 있기 때문이다. 다우 이론에서 출발한 기술적 분석은 1920년대까지 월스트리트에서 최고의 투자 기법으로 대접받았고, 지금도 투자자들 사이에 매우 중요한 주가 예측 수단으로 활용되고 있다. 특히 랄프 넬슨 엘리어트가 고안해 1950년대에 처음 알려지기 시작한 엘리어트 파동이론은 가장 극단적인 기술적 분석이라고 할 수 있다.

엘리어트 파동이론은 1980년대에야 비로소 재평가 받으면서 일반 투자자들 사이에 널리 알려졌는데, 한마디로 주가의 흐름에는 일정한 법칙이 있다는 것이다. 요약하자면 주가는 5개의 상승 파동과 3개의 하락 파동을 갖고서 반복해서 움직인다는 것인데, 그러니까 한 번의 큰 주가 흐름에는 모두 8개의 상승 및 하락 파동이 존재한다는 것이다.

기술적 분석에서 과학적 투자로

기술적 분석은 이처럼 과거의 주가 흐름과 패턴이 계속해서 반복적으로 나타난다는 것을 전제로 하고 있다. 하지만 기술적 분석의 가장 큰 문제점은 오로지 주가의 움직임에만 의존한다는 것이다. (특히 엘리어트 파동이론의 경우 파동의 시발점을 어디로 잡는가에 따라 현재의 주가 움직임에 대한 분석이 완전히 달라질 수 있다.)

사실 주식은 종이조각에 불과하다. 주식이 가치를 가지는 것은 기업의 소유권을 담고 있기 때문이다. 주식을 거래한다는 것은 그 기업을 거래하는 것과 같다. 따라서 기업의 가치를 무시한 채 주가의 변동에만 의존해 투자하는 것은 기본적으로 한계를 가질 수밖에 없다. 더구나 기술적 분석이 전성기를 구가했던 1920년대의 "질풍노도疾風怒濤와도 같았던 대강세장"이 1929년 10월 주가 대폭락과 함께 종언을 고했다. 뭔가 새로운 투자 방법론이 절실해진 것이다.

바로 이 시점에 벤저민 그레이엄이 새로운 투자 이론을 제시했다. 그 자신도 주가 대폭락 사태로 큰 시련을 겪은 그레이엄은 주식시장에서 주가는 왜곡되는 경우가 많다고 생각했다. 투자자들의 두려움이나 욕심으로 인해 주가의 왜곡이 나타난다고 그는 믿었다. 투자자들이 욕심을 부려 주식시장에 낙관적인 전망이 넘쳐날 때는 주가가 본래의 기업 가치보다 과대평가되고, 반대로 투자자들이 두려움에 휩싸여 비관적인 전망이 주식시장을 지배할 때는 주가가 과도할 정도로 떨어진다는 것이다. 그레이엄은 주식시장의 이 같은 비효율성을 이용해 투자하면 수익을 얻을 수 있다고 확신했다. 주가란 결국 장기적으로 보면 정상적인 기업 가치를 반영할 것이기 때문이다.

그레이엄은 7년간의 집필 기간을 거쳐 자신의 이 같은 투자 이론을 담은 《증권분석Security Analysis》을 1934년에 내놓았다. 그가 여기서 제시한 투자 방법론은 합리적인 가격수준, 즉 기업의 내재가치 이하로 거래되는 주식을 신중하게 선정해 분산 투자한다면 높은 투자 수익을 올릴 수 있다는 것이었다.

그레이엄이 정의한 기업의 내재가치란 사실facts에 의해 평가되는 확실한 자산이다. 여기서 사실이란 기업의 유동자산, 순이익, 배당금, 미래의 수익 전망 등을 말한다. 그는 특히 자산 가치가 확실한 기업의 주식을 매수한다면 주가가 하락할 위험은 크게 줄어든다고 주장했다. 반면 경영진의 명성이나 사업의 특성, 성장 전망 같은 질적인 요소를 너무 강조하면 투자의 안전성을 해칠 우려가 있다고 지적했다. 지금도 내재가치에 기초한 주식 투자 분석에서 기본적인 지표로 사용하고 있는 주가수익 비율price-earnings ratio, PER이나 부채비율debt-to-equity ratio 등은 모두 그레이엄이 처음으로 일반화한 개념이다.

그런 점에서 그레이엄 이전의 월스트리트가 한마디로 투기장이었다면 그의 등장 이후 월스트리트는 과학적 투자의 장이 되었다고 말할 정도로 그는 주식 투자의 틀을 완전히 바꾸어버렸다. 그를 가리켜 현대적인 증권분석의 창시자이자 "가치 투자의 아버지"

라고 부르는 것도 이 때문이다. 그는 또 컬럼비아 대학교 비즈니스 스쿨과 UCLA 등에서 30여 년간 강의하면서 증권분석을 하나의 학문으로 정립했다.

"주가가 아닌 기업을 보고 투자하라"

워런 버핏은 젊은 시절 그레이엄이 쓴 책의 열렬한 독자였고, 컬럼비아 대학교 비즈니스 스쿨에 들어가 그의 제자가 되었다. 졸업 후에는 그레이엄의 회사에서 일하기도 했다. 버핏이 "나의 85%는 그레이엄"이라고 말할 정도로 그레이엄이 그에게 미친 영향은 컸다. 그렇다면 버핏이 말하는 나머지 15%는 누구일까?

버핏이 처음 주식 투자의 세계에 발을 내디뎠을 무렵 그는 자신의 스승인 그레이엄의 투자 이론을 따르고자 했다. 주가가 기업의 내재가치 이하로 거래되는 철도주와 섬유주, 광산주 등을 매수한 것이다. 그러나 투자 수익률이 형편없었다. 다시 조사해보니 그레이엄의 투자 이론을 따라 싸게 매수한 주식은 그 기업의 사업 자체가 이미 내리막길로 접어들어 시장에서 외면 받고 있다는 점을 알게 됐다.

버핏은 1960년대 들어 또 한 명의 스승인 필립 피셔의 저작을 열심히 공부하기 시작했다. 그 후 피셔의 투자 이론에 따라 질적으로 우수한 기업이라면 주가가 비싸더라도 매수해야 한다는 것을 깨닫게 됐다. 특히 어느 기업에 투자할 것인지 결정할 때는 최고 경영진의 능력을 검증하는 것이 무엇보다 중요하며, 해당 기업을 정확히 파악하려면 그 회사뿐만 아니라 경쟁업체들도 모두 조사해야 한다는 점도 배웠다.

버핏이 1960년대 이후 주식을 매수한 아메리칸 익스프레스나 워싱턴 포스트, GEICO(보험회사), 코카콜라 등은 하나같이 그레이엄의 투자 이론과는 거리가 먼, 주가가 기업의 장부가치보다 훨씬 비싼 종목들이었다. 버핏이 이들 종목에 거액을 투자해 대성공을 거둘 수 있었던 비밀은 다름아닌 피셔로부터 배운 질적 분석 덕분이었다.

피셔의 투자 철학을 한마디로 요약하자면 주가가 아닌 기업을 보고 투자하라는 것이다. 아주 탁월한 최고 경영진이 이끌어가는 위대한 기업에 투자해 그 기업이 지속적으로 성장하면서 더욱 훌륭한 기업이 될 때까지 몇 년, 혹은 수십 년 동안 꿋꿋하게 보유하는 게 투자 성공의 열쇠라는 것이다. 기업이 성장을 이어감에 따라 잠재적인 가치 역시 더욱 높아질 것이고, 주식시장은 반드시 이를 반영하게 될 것이다. 투자자가 위대한 기업을 제대로 선택했다면 맨 처음에 그 기업의 주식을 매수하는 데 들인 투자 원금은 수백 배, 심지어 수천 배로 불어날 수도 있다.

불운한 시대가 천재를 만든다고 한다. 주식 투자 이론도 마찬가지다. 내재가치 이하로 거래되는 가치주에 분산 투자할 것을 주장했던 그레이엄이 《증권분석》을 출간한 것은 1929년 주식시장 대폭락의 충격이 채 가시지 않은 1934년이었다. 엄습한 대공황의 와

중에서 무려 7년간의 집필 기간이 소요된 이 책에서 그레이엄은 최대한 보수적인 관점에서 주식 투자를 하라고 강조하며 원금 보전 전략을 제시했다.

기업의 내재가치와 합리적인 가격, 분산 투자 등 그가 이 책에서 처음으로 쓴 용어들은 그의 보수적인 시각을 잘 보여준다. 그레이엄이 말하고자 한 것은 "최악의 경우에도 투자 원금을 건질 수 있는 위험이 적은 종목에 투자하면 주식시장의 대폭락과 사상 초유의 약세장에서도 투자 수익을 올릴 수 있다"는 점이었다.

그레이엄보다는 13년 늦게 태어났지만 피셔 역시 대공황의 시련을 겪으면서 성장주 투자 이론을 정립했다. 그러나 피셔의 투자 이론은 그레이엄과는 정반대되는 것이다. 피셔는 오히려 성장 잠재력이 뛰어난 질적으로 우수한 기업이라면 장부가치보다 훨씬 높은 가격에 거래된다 해도 높은 투자 수익률을 올릴 수 있다고 주장했다. 그런 점에서 그레이엄을 가치주 투자 이론의 원조라고 한다면 피셔는 성장주 투자 이론을 월스트리트에 처음으로 소개한 개척자라고 할 수 있다.

특히 손익계산서나 대차대조표 같은 재무제표를 계량적으로 분석하는 것도 필요하지만 이보다는 그 회사가 속해 있는 업종이나 최고 경영진의 능력, 경쟁력의 우위 같은 질적인 요소가 더 중요하다고 피셔는 강조했다. 계량화한 양적인 재무분석보다는 사실 수집과 질의 응답을 통해 기업의 성장 잠재력을 파악하는 게 무엇보다 중요하다는 것이 피셔의 성장주 투자 이론이다.

피셔는 분산 투자에 대해서도 부정적이었다. 분산 투자를 위해 자신이 잘 모르는 여러 회사에 투자한다면 이는 오히려 리스크를 높일 수 있다. 차라리 자신이 잘 아는 소수의 회사에 집중 투자하는 것이 더 낫다는 게 피셔의 주장이다.

투자 전략가로서의 필립 피셔

피셔가 투자 대상 기업을 찾는 방법은 명탐정 셜록 홈즈와 형사 콜롬보를 연상시킨다. 한 치의 빈틈도 보이지 않고 정확하게 범인을 찾아내듯 투자 대상 기업을 발굴해 주식을 매수한다면 수익률은 당연히 상상을 초월할 정도로 높을 것이다.

피셔는 광범위한 사실 수집과 자료 분석, 철저한 현장 조사를 거쳐 투자 대상 기업을 선정한다. 사건 현장을 몇 번이고 다시 찾아가 보는 셜록 홈즈처럼 말이다. 다음 단계로는 최고 경영진의 과거 실적을 살펴보고, 향후 경영 전략에 대해 자세히 물어본다. 무심코 던지는 것 같지만 정확히 맥을 짚어가는 콜롬보 반장의 날카로운 질문처럼 말이다. 마지막으로 이렇게 조사한 기업 내용과 최고 경영진의 답변을 종합하는 논리적인 추론이 뒤따른다. 지금의 주가는 과연 합리적인 수준인지, 또 지금과 같은 실적이 앞으로도 계속 이어질 것인지를 철저히 따져보는 것이다.

피셔가 이런 방식으로 찾아낸 종목들 가운데 대표적인 것이 모토로라와 텍사스 인스트루먼트, 다우 케미칼, 레이켐 등이다. 이들 종목의 공통점은 모두가 성장성이 뛰어난 기술주들이라는 점이다. 특히 피셔가 이들 종목을 주로 매수했던 1950년대에는 가히 첨단 기술주였다고 해도 과언이 아니다. 기업의 질적인 요소를 중시하는 그의 투자 철학이 가져다 준 성공 사례를 보면 놀랍기만 하다.

우선 우리에게도 잘 알려진 세계적인 반도체 기업 텍사스 인스트루먼트를 보자. 텍사스 인스트루먼트는 1930년 유전개발을 위한 지질탐사서비스 회사로 출발했다. 이 회사가 전자제품을 생산하기 시작한 것은 제2차 세계대전 당시 미 해군에 잠수함 탐지장치를 납품하면서부터였다.(피셔가 텍사스 인스트루먼트를 처음으로 알게 된 것도 제2차 세계대전 당시 육군 항공대에 근무할 때였다.) 텍사스 인스트루먼트는 1952년 트랜지스터를 생산했고, 1958년에는 세계 최초의 집적회로를 만들어냈다.

피셔가 텍사스 인스트루먼트 주식을 매입하기 시작한 것은 1955년이었다. 피셔는 이 회사의 탁월한 기술력에 매료돼 당시 최고경영자CEO였던 에릭 존슨을 만났고, 뛰어난 엔지니어 출신인 존슨의 기술혁신 능력에 깊은 인상을 받았다. 피셔는 기술주를 좋아했지만 첨단 기술은 변화 속도가 무척 빠르고 경쟁도 매우 치열한 분야여서 최고 경영자의 기술혁신 능력이 무엇보다 중요하다는 지론을 갖고 있었다.

텍사스 인스트루먼트는 그의 예상대로 반도체에 머무르지 않고 꾸준히 신기술을 개발하면서 뻗어나갔다. 1990년대 들어서는

MRI 같은 의료기기와 휴대폰에 쓰이는 디지털 신호처리DSP 기술의 선두주자로 꼽혔을 정도다. 기술혁신뿐만 아니라 최고 경영진의 역량도 탁월해 텍사스 인스트루먼트는 1970년대부터 일찌감치 기업 이익의 일부를 전사원에게 분배하는 "인적 효율성" 프로그램을 시행하고 있다.

피셔는 1955년에 텍사스 인스트루먼트 주식을 주당 14달러에 매수해 30년 이상 보유한 뒤 1980년대 말에 매각했다. 그의 투자 방식을 얘기할 때 대표적인 사례로 손꼽히는 게 바로 텍사스 인스트루먼트다. 아쉽게도 그는 너무 일찍(?) 이 주식을 팔았지만 만약 1999년 말까지 이 주식을 보유했다면 가히 천문학적인 투자 수익률을 기록했을 것이다. 텍사스 인스트루먼트 주식은 피셔가 매수한 뒤 수십 차례의 주식분할을 실시해 1999년 말에는 그가 매수했을 당시의 1주가 무려 1749.6주가 됐다. 이 무렵 주가는 93달러였다. 그러니까 피셔가 처음 매수한 1955년에 14달러였던 텍사스 인스트루먼트 1주가 40여 년만에 16만 달러로 불어난 것이다. 투자 수익률을 계산하면 100만%가 넘는다.(물론 1999년 말은 기술주 거품이 최고조에 다다른 시점이라는 점은 감안해야 할 것이다.)

피셔는 주식시장을 살아 움직이는 활동공간이라고 생각했다. 주식시장은 많은 사람과 많은 기업을 만날 수 있는 곳이고, 여기서 성공적인 사람과 기업을 찾아내면 큰 돈을 벌 수 있다는 게 그의 지론이다. 피셔는 특히 대다수의 그저 그런 기업에 투자하는 것보다 숫자는 적지만 탁월한 기업 몇 개를 발굴해 집중적으로 투자하는 게 낫다고 주장했다. 그래서 피셔의 포트폴리오에는 항상 10개 정도의 종목이 편입돼 있었고, 이 가운데 3~4개 종목에 전체 투자자금의 75%이상을 집중했다.

피셔는 직접 수집한 사실들에 기초해 투자 대상 기업을 선정한 뒤 최종적으로 이들 기업이 자신의 투자 기준에 맞는지 여부를 결정지으며 몇 가지 질문을 던졌다. 《위대한 기업에 투자하라》의 15가지 포인트와 《보수적인 투자자는 마음이 편하다》의 네 가지 영역에 자세히 나와있는 이들 질문을 요약하면 다음과 같다.

첫째, 걸출한 최고 경영자와 우수한 경영진을 보유하고 있는가?
둘째, 이사회는 주주들에게 회사의 좋은 뉴스는 물론 나쁜 소식도 분명히 전달하는가?
셋째, 최고 경영진은 혁신적인 정책과 제품을 만들어낸 사례가 얼마나 있는가?
넷째, 고객들에게 높은 품질의 제품을 장기적으로 제공하겠다는 사명감을 갖고 있는가?
다섯째, 대對고객 관리와 노사관계는 훌륭한가?
여섯째, 경쟁력의 우위와 변화에 적응할 수 있는 능력을 갖추고 있는가?
일곱째, 높은 순이익률을 계속 유지할 수 있으며, 매출액과 순이익은 증가하고 있는가?
여덟째, 장기적인 성장 잠재력과 비교할 때 현재의 주가 수준은 합리적인가?

피셔는 이 같은 여덟 가지 질문을 통해 그 기업을 정밀하게 분석해보고 나서야 투자 여부를 결정했다. 그는 특히 다른 투자자들이 그 기업의 성장 잠재력을 인식하기 전에 투자해야 한다고 강조했다. 그래서 증권회사의 애널리스트들이 부정적인 의견을 내놓을 때 오히려 주식을 사는 경우가 많았다. 또 주식시장이 일시적으로 급락하거나 어느 기업의 실적이 1~2분기 정도 갑자기 악화됐을 때도 매수할 기회로 여겼다.

그는 다른 사람들이 자신의 의견에 동의하는지 여부가 중요한 게 아니라 자신의 기준에 맞게 철저히 조사한 다음 투자했는가가 중요하다고 거듭 강조했다. 그가 주식을 팔 때는 투자한 회사가 더 이상 자신의 기준에 맞지 않을 때, 그리고 자신이 내렸던 최초의 판단이 틀렸다는 사실을 발견했을 때 두 가지 경우뿐이었다.

필립 피셔의 위대함

피셔의 독창성은 그가 쓴 《위대한 기업에 투자하라》와 《보수적인 투자자는 마음이 편하다》를 읽어보면 수없이 발견할 수 있다. 그 중에서도 가장 돋보이는 대목은 주가수익 비율PER에 관한 그의 시각이다.

피셔 이전까지 월스트리트에서는 주가를 주당 순이익으로 나눈 것을 주가수익 비율이라고 했다. 이렇게 계산한 주가수익 비율이 얼마나 높은가에 따라 해당 기업의 주가가 상대적으로 싼지, 혹은 비싼지 판단한 것이다. 그러나 피셔는 주당 순이익에 주가수익 비율을 곱한 것이 주가라고 보았다. 피셔에게는 주가수익 비율이 아니라 주가가 종속변수였던 것이다. 따라서 주가수익 비율이 높다고 해서 그 주식이 비싸다든가, 혹은 주가수익 비율이 낮다고 해서 그 주식이 싸다든가 하는 판단은 기본적으로 맞지 않는다.

피셔는 특정 종목의 주가가 오르는 것은 기업의 성장에 따라 주당 순이익이 늘어나는 것과 함께 증권가에서 그 기업에 대해 재평가하고, 그 기업이 속해 있는 업종이나 산업을 재평가하고, 주식 시장 전체를 재평가하기 때문이라고 이야기한다.(여기서 말하는 증권가의 평가는 《보수적인 투자자는 마음이 편하다》의 제4~6장에 나오는 보수적인 투자의 네 번째 영역에서 자세히 설명해놓고 있다.)

피셔의 시각은 그런 점에서 기존의 기술적 분석이나 계량적 분석과는 차원이 다르다. 기술적 분석이 과거의 주가 움직임을 가장 중요한 투자 포인트로 삼고, 계량적 분석이 자산 가치나 주당 순이익 같은 수치화한 기업 가치를 중시한다면 피셔는 궁극적으로 증권가가 재평가하게 될 기업의 질적인 가치를 투자의 최우선 요소로 삼았다.

또 한 가지 피셔가 투자 대상 기업의 최고 경영자에게 던지는 질문, "경쟁업체에서는 아직 하지 않고 있지만 당신 회사에서는 하고 있는 게 무엇입니까?"라는 질문은 참 너무나도 통렬하다. 마젤란 펀드를 세계 최고의 뮤추얼 펀드로 키워낸 피터 린치의 투자 전략을 두 가지로 요약하자면 신발 밑창이 닳아빠지도록 기업체들을 찾아 다닌다는 것과 경쟁업체가 인정하는 기업에 투자한다는 것이다. 물론 피셔처럼 한번 투자하면 최소한 3년 이상 보유하는 장기 투자를 하지는 않았지만 피터 린치의 투자 방식 역시 다름아닌 피셔의 투자 이론에 따른 것이다.

마찬가지로 국내 주식시장에서 높은 투자 수익률을 올리고 있는 소위 "외국인 투자자들" 역시 피셔의 투자 이론을 따르고 있다고 할 수 있다. 사실 국내 주식시장이 외국인 투자자들에게 완전히 개방되기 전까지 한국 주식시장에서 주당 10만 원(액면가 5000원 기준)이 넘는 주식은 찾아보기 힘들었다. 외국인 투자자들은 어느 종목의 현재 주가가 싼가, 아니면 비싼가의 여부가 아니라 성장 잠재력에 따라 투자했다. 그래서 국내 주식시장을 대표하는 삼성전자와 SK텔레콤, POSCO의 주가가 지금처럼 높아지는 발판을 마련할 수 있었던 셈이다.(피셔가 쓴 《위대한 기업에 투자하라》가 스탠퍼드 대학교 비즈니스 스쿨을 비롯한 미국 유수의 MBA과정 투자론 교과서로 쓰이고 있고, 이곳을 거쳐간 졸업생들이 세계적인 투자 기관에서 활동하고 있다는 것도 하나의 이유가 될 것이다.)

피셔의 위대함은 현장 투자 이론의 완성에 있다. 20세기 초에는 기술적 분석이 유일무이한 투자 이론으로 전성기를 구가했고, 1930년대 대공황을 거치면서 그레이엄의 가치주 이론이 가장 확실한 투자 이론으로 자리매김했다. 피셔의 성장주 이론은 1950년대 말 《위대한 기업에 투자하라》의 출간을 계기로 널리 알려졌지만 그 이후 더 이상 새로운 현장 투자 이론은 나오지 않고 있다. 물론 기술적 분석이 다시 주목 받기도 하고, 새로이 해석된 가치주 이론이 주식시장의 테마를 형성하기도 한다. 그러나 피셔의 성장주 이론 이후 이에 버금가는 새로운 투자 이론은 아직 나오지 않고 있다.

필립 피셔의 3부작

1958년 처음 출간된 피셔의 저작 《위대한 기업에 투자하라》는 "가장 영향력 있는 투자서"로 손꼽힌다. 이 책은 주식 투자 서적으로는 처음으로 〈뉴욕타임스 The New York Times〉 베스트셀러에 오른 "영원한 투자의 고전"이기도 하다. 이 책의 출간을 계기로 주식 투자의 영역이 한 차원 높아졌다는 평가도 받는다. 실제로 이 책에서는 출간 당시 월스트리트의 내로라하는 전문가들조차 생소하게 여겼던 여러 개념들을 처음으로 소개했다. 우선 "성장주"라는 개념을 제시하며 기업의 질적인 분석을 무엇보다 강조했다. 기존의 기술적 분석과 계량적 분석에 의존해왔던 주식 투자 기법에 일대 변혁을 가져온 것이다.

이 책이 스탠퍼드 대학교 비즈니스 스쿨을 비롯한 미국의 여러 MBA 과정에서 투자론 교과서로 쓰이고 있는 이유는 여타 주식 투자 이론서와 근본적으로 차별되기 때문이다. 이 책에는 다른 주식 투자 관련서에서 흔히 볼 수 있는 "신고가" 내지는 "손절매" 같은 용어가 단 한 번도 나오지 않는다. 오히려 제대로 투자 대상 기업을 선정해 매수했다면 영원히 매도할 기회가 오지 않을 것이라고 이야기할 정도다. 심지어 위대한 기업의 주식이라면 시장 조정기에 30~40% 떨어지더라도 다음 강세장에 그 어떤 종목보다도 크게 오를 것이며, 장기적으로 최소한 몇 배의 주가 상승이 기대되는데 매도할 이유가 없다고 지적한다. 이 책이 고전의 반열에 오를 수 있는 이유는 단순히 투자 기법을 나열한 것이 아니라 투자의 근원과 본질을 파헤쳤기 때문이다.

피셔의 투자 대상은 시시각각 변하는 주가가 아니라 장기적으로 성장해가는 기업이다. 피셔는 "기업의 탁월한 경쟁력이라는 개념을 지속 가능한 성장 모델과 연결시킨 최초의 인물"이다.《위대한 기업에 투자하라》의 밑바탕에는 피셔의 이 같은 통찰력이 깔려있는 것이다.

《보수적인 투자자는 마음이 편하다》는《위대한 기업에 투자하라》가 처음 출간된 지 17년만인 1975년에 나왔다.《위대한 기업에 투자하라》가 피셔의 투자 이론을 차근차근 풀어나간 일종의 투자학 원론原論이라면《보수적인 투자자는 마음이 편하다》는 피셔의 투자 철학과 이론의 핵심을 짚어낸 투자 전략론이라고 할 수 있다.

피셔는 이 책에서 보수적으로 투자한다는 것은 전통적으로 안전하다고 생각하는 것 이상의 보다 정밀한 개념과 치밀한 검증이 필요하다고 지적한다. 자신이 보유하고 있는 주식이 펀더멘털 측면에서 진정으로 보수적이라는 사실을 충분히 이해하고 있어야 하며, 그럴 때에만 훌륭한 주식을 매수할 수 있다고 강조한다. 보수적인 투자자는 왜 성장주에 투자해야 하는지, 또 리스크가 가장 작은 성장주는 어떻게 구별할 수 있는지에 관해 성장주 투자 이론의 개척자인 저자가 직접 알려주는 것이다.

특히 보수적인 투자의 세 가지 영역을 설명한 처음 3개 장은 투자 이론서라기 보다는 차라리 경영 지침서라는 착각이 들 정도다. 《위대한 기업에 투자하라》에서 그랬던 것처럼 피셔는 "훌륭한 기업이 실제로 어떻게 만들어지는가에 대해 완벽하게 이해하고 있다."(벤저민 그레이엄이 말년에 피셔를 가리켜 한 말이다.) 기업의 탁월한 경쟁력이 어떻게 성공적인 기업으로 귀결되는지 세 가지 영역을 잘 읽어보면 쉽게 이해할 수 있다.

보수적인 투자의 네 번째 영역을 설명하면서 주가의 급변동을 가져오는 요인이 무엇인지 정확히 지적한 대목은 몇 번이고 곱씹어볼 만한 부분이다. 그는 주가의 결정적인 움직임을 지배하는 법칙을 간명하게 이야기한다. "어떤 개별 종목의 주가가 전체 주식시장의 움직임과 비교해 현저할 정도로 크게 변동하는 이유는 전적으로 그 주식에 대한 증권가의 평가가 달라졌기 때문이다."

주가가 아닌 기업을 보고 투자한 피셔가 주가의 변동 원인에 대해 내린 결론은 너무나도 냉정하고 통렬하다. 기업에 대한 증권가의 평가, 그 기업이 속해 있는 업종에 대한 증권가의 평가, 그리고 주식시장 전체에 대한 증권가의 평가가 달라지면 그 기업의 주가가 크게 변동한다는 것이다.

《보수적인 투자자는 마음이 편하다》에 이어 1980년에 출간된 《나의 투자 철학》은 피셔의 회고록이다.(실제로 이 책은 미국 공인재무분석사협회Institute of Chartered Financial Analysts의 회고록 시리즈로 처음 출간됐다.) 당시 이미 일흔 고개를 넘어선 노련한 투자 전략가이자 탁월한 투자 이론가였던 피셔가 자신의 인생을 돌아보며 진솔하게 써 내려간 고백론이기도 하다.

성장주 투자의 개척자로 추앙 받는 저자 스스로 자신이 그동안 얼마나 많은 실수를 저질렀으며, 그 실수로부터 얼마나 많이 배울 수 있었는가에 대한 솔직한 고백이 담겨있다. 특히 마지막 부분에 나오는 "효율적 시장 이론"에 대한 실증적 비판은 상아탑의 투자 이론이 현실과 얼마나 동떨어진 것인지, 실전 투자자들은 이런 이론을 어떻게 활용할 수 있는지 잘 보여주고 있다.

다우 이론에서 비롯된 기술적 분석에 의한 투자 기법이나 벤저민 그레이엄이 체계를 갖춘 가치주 투자 방식, 그리고 피셔가 제시한 성장주 투자 이론은 한 가지 공통점을 갖고 있다. 주식 투자의 첫째 목적은 높은 수익률을 올리는 것, 즉 재산을 불리기 위한 것이라는 점이다. 피셔가 《위대한 기업에 투자하라》에서 성공 투자의 핵심이라고 소개한 셰익스피어의 말은 그런 점에서 다시 한번 음미해볼 만하다.

인간사에는 조류라는 게 있어
시류를 잘 붙잡으면 큰 행운으로 이어질 수 있소.
놓치게 되면 앞으로 헤쳐가야 할 운명은
얕은 여울에 처박혀 비극으로 점철될 것이오.
먼 바다를 향해 나아가려면
지금 밀려들어오는 만조를 붙잡아야만 하오.
그렇지 않으면 우리의 모험은 실패할 것이오.
-〈줄리어스 시저〉 4막 3장 중에서

이 책을 옮긴 **박정태**는 신문기자로 오랫동안 일했으며 현재 경제 칼럼니스트 겸 전문 번역가로 활동 중이다. 필립 피셔와 존 템플턴, 제시 리버모어, 윌리엄 오닐, 짐 로저스의 저작을 우리말로 처음 옮겼으며, 투자 분야의 고전을 국내에 소개하는 데 애쓰고 있다. 저서로 《찰스 다우 연구》와 《월가의 지혜 투자의 격언 365》가 있으며, 옮긴 책으로는 《존 템플턴의 영혼이 있는 투자》와 《대공황의 세계 1929~1939》를 비롯해 30여 권이 있다.

보수적인 투자자는 마음이 편하다
CONSERVATIVE INVESTORS SLEEP WELL &
DEVELOPING AN INVESTMENT PHILOSOPHY

초판 1쇄 펴낸날 2005년 7월 10일
개정판 1쇄 펴낸날 2025년 6월 10일

지은이 필립 피셔
옮긴이 박정태
펴낸이 서정예
펴낸곳 굿모닝북스

등록 제2002-27호
주소 (10364) 경기도 고양시 일산동구 호수로 672 804호
전화 031-819-2569
FAX 031-819-2568
e-mail goodbook2002@daum.net

가격 14,800원
ISBN 978-89-91378-40-7 03320

투자의 고전을 펴내면서

어느 분야에나 고전은 있다. 문학과 역사, 철학, 과학 분야의 고전은 우리 인간이 쌓은 지식의 보고寶庫다. 고전은 세월의 검증을 받은 책이고, 고전이기에 틀림없이 우리에게 무언가 좋은 것을 말해줄 것이다. 수많은 독자들로부터 위대한 책으로 인정받았기에 고전이 된 것이다.

투자 분야의 고전도 마찬가지다. 투자의 고전을 통해 우리는 투자 이론과 투자 심리를 이해할 수 있고, 투자 역사와 투자 산업을 통찰할 수 있다. 우리나라 금융시장에서 외국인 투자자가 활개를 치는 이유는 자금력이 우세해서도, 정보력이 뛰어나서도 아니다. 이들이 늘 한 발 앞서 갈 수 있는 것은 다름아닌 지식이라는 힘을 가졌기 때문이다. 이 지식은 투자의 고전에서 나온 것이다.

우리나라 투자자들도 이 지식으로 무장할 수 있다. 그러기 위해서는 훌륭한 투자의 고전이 한국어로 번역돼야 한다. 처음부터 우리말로 쓰여지지 않았다고 해서 우리의 것이 아니라고 여겨서는 안 된다. 기본적으로 저자가 쓴 글이 어떤 의미를 가진 텍스트라면 그것은 어떤 언어를 통해서든 이해하고 소화할 수 있어야 한다. 제대로 된 번역이 절실히 요구되는 이유이기도 하다.

모든 분야의 고전이 한국어로 번역돼야 하는 것처럼 투자의 고전도 반드시 한국어로 읽을 수 있어야 한다. 고전 읽기는 뿌리를 찾아가는 여행이다. 투자의 고전도 예외일 수 없다.